HIDEHIKO ITO / PEEK-A-BOO

クリエイションと
サロンワークをつなぐ
ツーセクションカット

TECHNIQUE BOOK

Two Section

クリエイションとサロンワークをつなぐツーセクションカット

TECHNIQUE BOOK [テクニック編]

CONTENTS

Design
Drawing

ツーセクションカットの設計図

伊東氏直筆による、デザインの設計図。
頭の中で思い描いたイメージを、
紙に書き起こす——クリエイションの原点です。
仕上がりの写真と見比べながら、
それぞれのスタイルがどうつくられているのか、
想像してみましょう。

1

SHORT BOB
DISCONNECTION

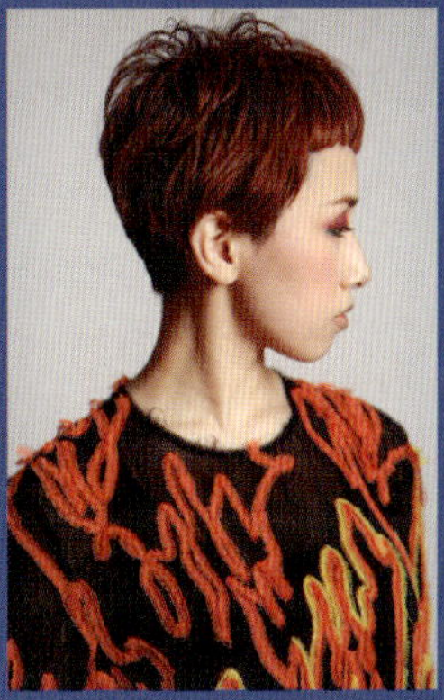

DESIGN *POINT*

バックを短く、サイドをディスコネしたショートボブ。アンダーとオーバーはバックセンターでのみつなげるが、バックサイド～サイドはオーバーに長さを残し、アンダーとディスコネ。前髪もサイドとディスコネしたショートバングに。

→ **CUT** *PROCESS* **P48-50**

2

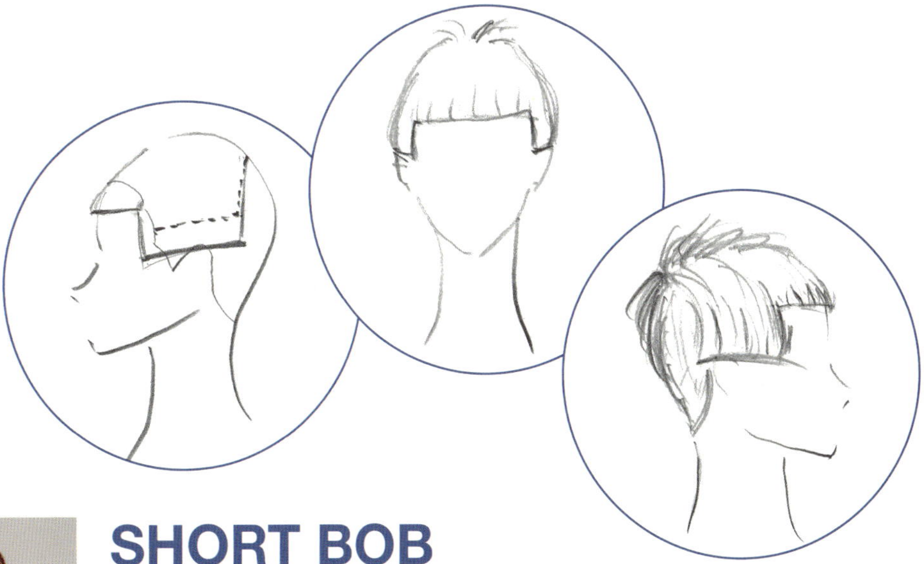

SHORT BOB
MORE DISCONNECTED

DESIGN *POINT*

1からさらにサイドのアウトラインを短くした、ミニマムなショートボブ。サイドは耳上ギリギリの長さでストレートなラインを際立たせ、アンダーの生え際はよりコンパクトに。ドライカットで前髪にすき間をつくり、顔まわりの量感を調整。

→ **CUT** *PROCESS* **P51**

3

MIX STYLE BASED ON BOX BOB

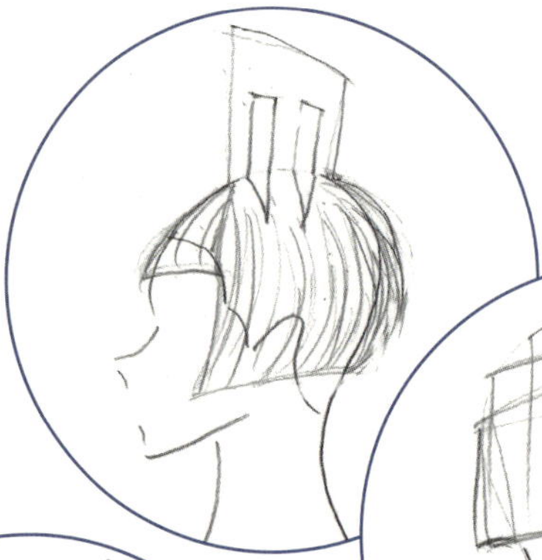

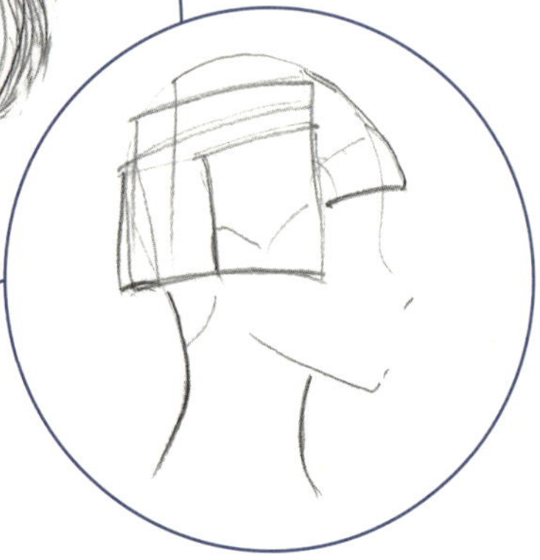

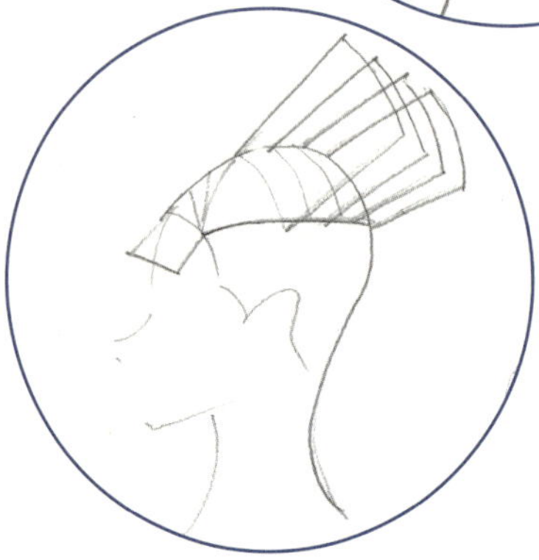

DESIGN *POINT*

ボックスボブをベースに、アンダーの上端を短くしたスタイル。バックに丸さ、サイドに厚みのあるグラデーションボブに、眉上のショートバングでクール&フェミニンに。トップにはレイヤーを入れ、ランダムな動きを出す。

→ **CUT** *PROCESS* **P52-53**

4

TWO SECTION BOB SIDE PART

DESIGN *POINT*

サイドパートのボブスタイル。アンダーはバックセンターに長さを残して短く刈り上げ、オーバーのライトサイドはあごラインの延長線上に長さを設定し、ワンレングスにカット。アウトラインの毛先に丸みをつけてやわらかい印象に。

→ **CUT** *PROCESS* **P54-55**

5

TWO SECTION BOB ROUND

DESIGN *POINT*

4に立体的な丸みをつけたボブスタイル。オーバーは、バック、サイドとも1線目からリフトアップしてグラデーションカットし、エレベーションしながらグラをつなげることで、丸みのあるフォルムをつくる。

→ **CUT** *PROCESS* **P56-57**

6

TWO SECTION BOB EFFORTLESS

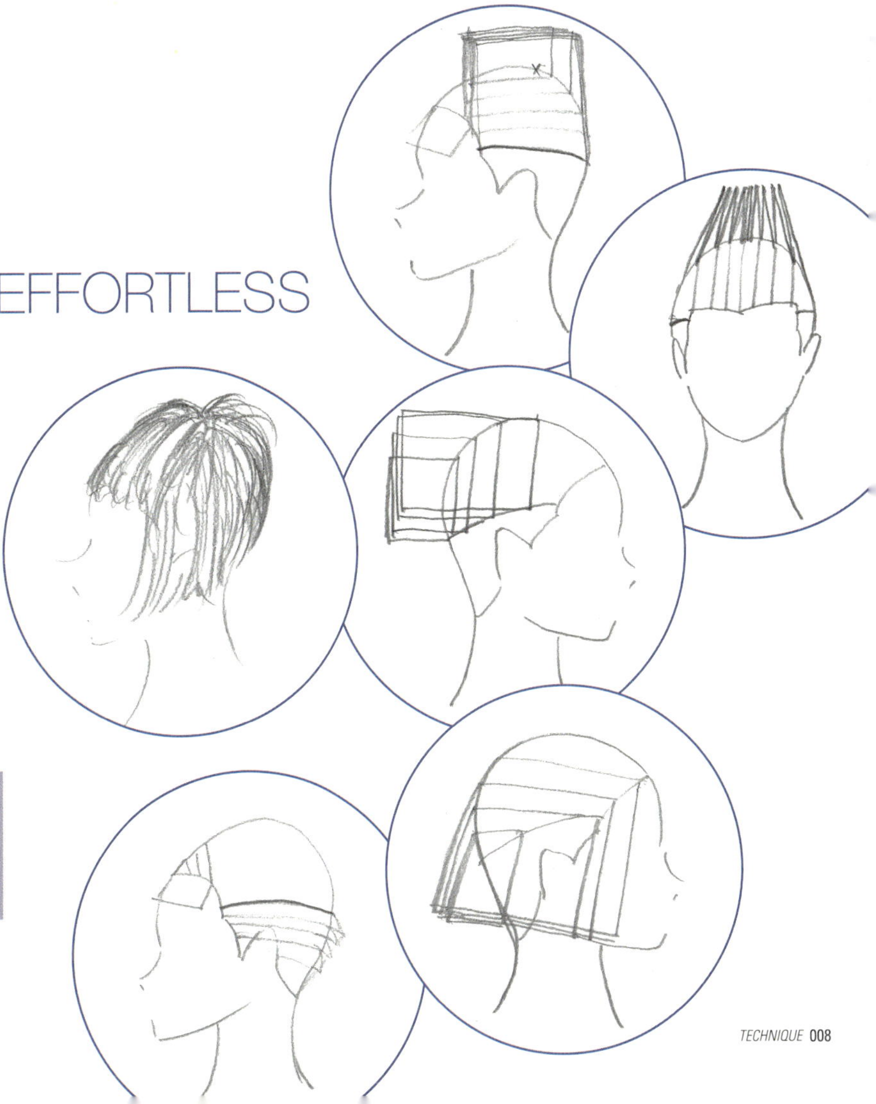

DESIGN *POINT*

コンパクトなフォルムに動きをつけたボブスタイル。アンダーは短めのグラデーションでおさまりをよくし、オーバーはハイレイヤーにカット。短めの前髪は毛先を不揃いにすることで、モードな中に抜け感を演出。

7

GEOMETRIC GRADATION

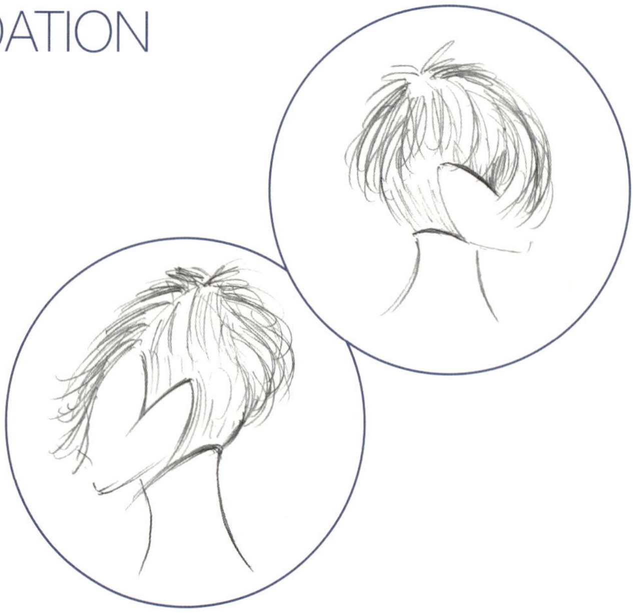

DESIGN *POINT*

ジオメトリックな前下がりのグラデーションスタイル。アンダーはアウトラインを際立たせてシャープな印象を演出する一方、オーバーはフォルムに丸みをつけ、やわらかい質感を出すことでメリハリのあるデザインに。

→ **CUT** *PROCESS* **P38-39**

8

MORE CONTRASTING GRADATION

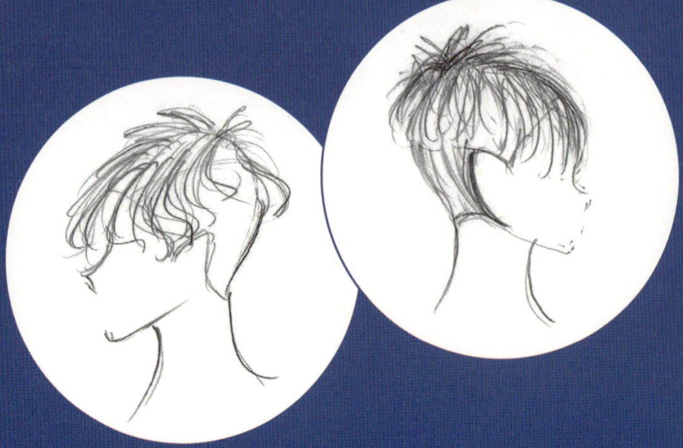

DESIGN *POINT*

7からさらに、アンダーとオーバーのメリハリをつけたスタイル。アンダーを刈り上げ、オーバーにはレイヤーを入れて軽さと動きを出す。右バックに残した長い毛束で、デザインにアクセントを添える。

→ **CUT** *PROCESS* **P40-41**

9

GRADATION WITH MOVEMENT

DESIGN *POINT*

フロントに動きを出した、グラデーションスタイル。アンダーは短く刈り上げ、オーバーはバックに向け、コンパクトなフォルムをつくるようグラデーションカット。長さを残したフロントは、イレギュラーな毛先で動きを強調する。

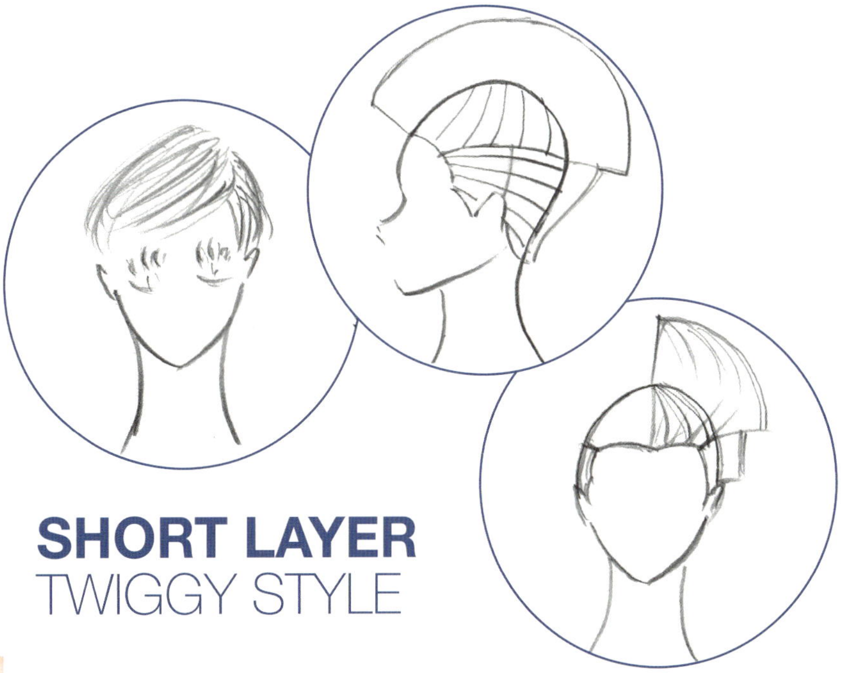

10

SHORT LAYER TWIGGY STYLE

DESIGN *POINT*

1960年代のツイッギーのヘアスタイルをイメージしたショートレイヤー。アンダーはオーバーとつなげず、耳上と衿足をタイトに締める。オーバーはセイムレイヤーで全体に長さを残し、アンダーとのコントラストをつける。

11

HIGH LAYER
ROCK STYLE

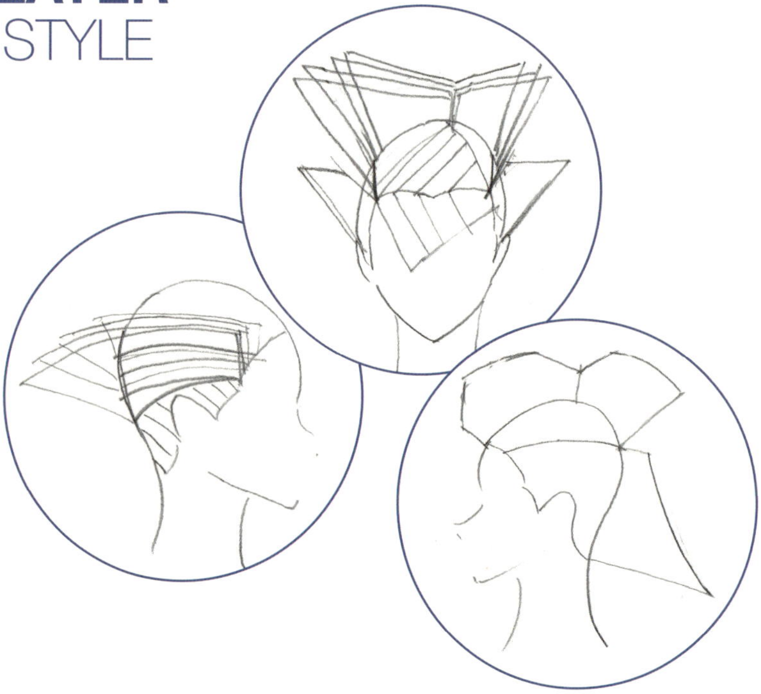

DESIGN *POINT*

ハイレイヤーをつなげずに組み合わせた、ロックテイストのスタイル。アンダーは、ツーセクションライン際を極端に短くし、生え際の長さを残してアウトラインをつくる。オーバーはつむじに向かってハイレイヤーを入れ、変化のあるデザインに。

12

LAYER STYLE
FALLING FRONT

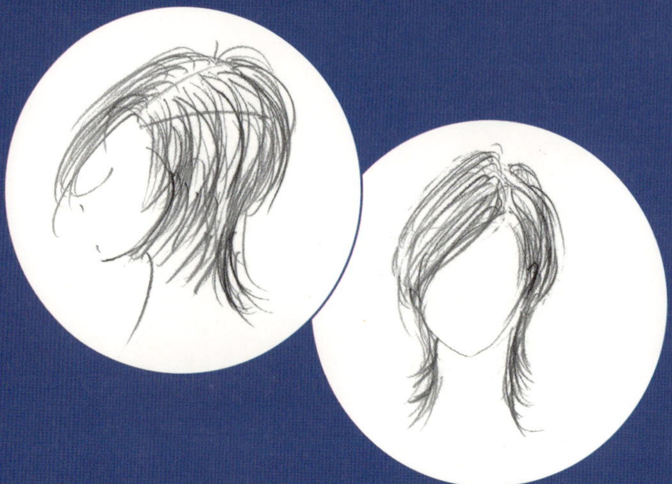

DESIGN *POINT*

フロントに長さを残した、前下がりのレイヤースタイル。オーバーとアンダーはディスコネクト。バックのフォルムにくびれをつけながら、アウトラインとオーバーの表面の長さはキープ。軽やかな動きのあるデザインに。

→ **CUT** *PROCESS* **P42-43**

13

LAYER STYLE
MORE COMPACT

DESIGN *POINT*

12からさらに、バックのフォルムをコンパクトにしたスタイル。アンダーはグラデーションカットで首に沿うような丸いシルエットをつくり、オーバーはフロントの表面に長さを残す。セニングで量感を調整し、ラフな動きを。

→ **CUT** *PROCESS* **P44-45**

14

WOLF LAYER
SPIKY SHORT

DESIGN *POINT*

フロント〜トップを短くした、スパイキーなウルフレイヤースタイル。オーバーはハイレイヤーにカットし、バングはV字状に切り込んで動きを。アンダーはオーバーとつなげず、長さを残してアウトラインをつくる。

15

WOLF LAYER
EXCITING
SHORT

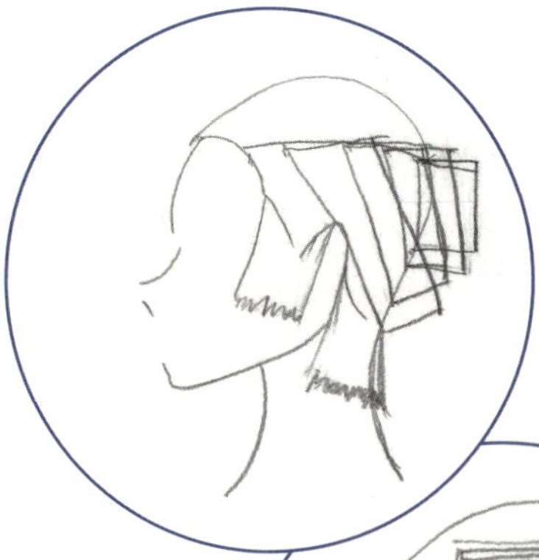

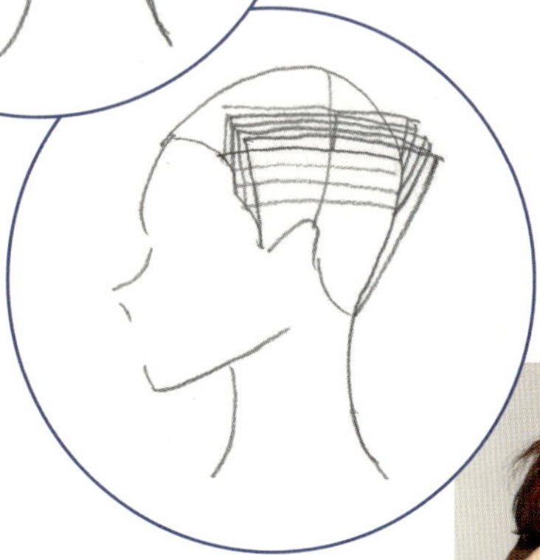

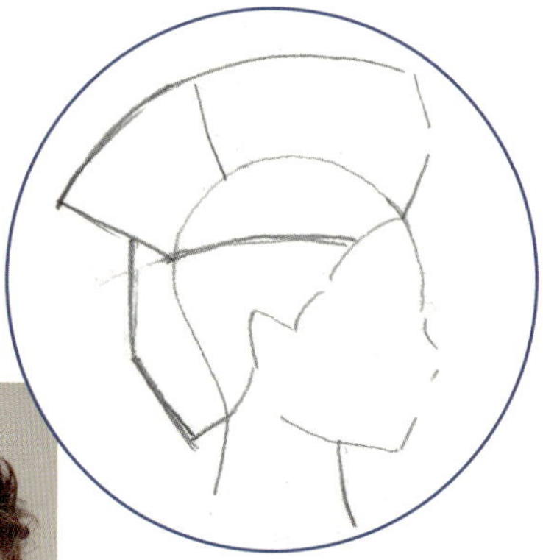

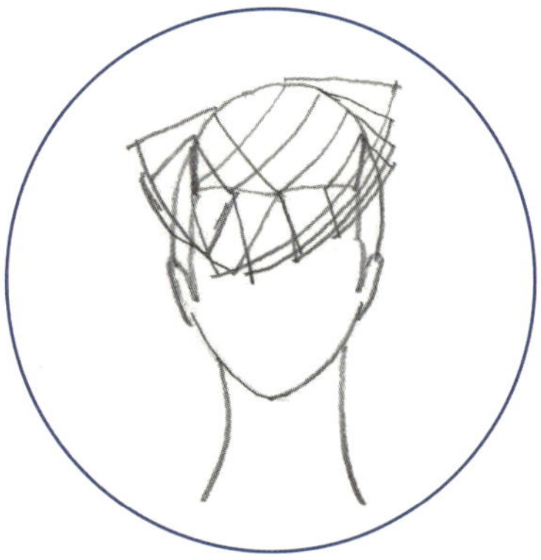

DESIGN *POINT*

ダイナミックな動きが特徴のウルフレイヤースタイル。アンダーは短めのハイレイヤーにカットし、顔まわりは前上がりにして厚みを残す。オーバーは斜めスライスでレイヤーカットし、アシンメトリーな構成にしつつ、毛先に長短差をつけて動きを出す。

→ **CUT** *PROCESS* **P42-43**

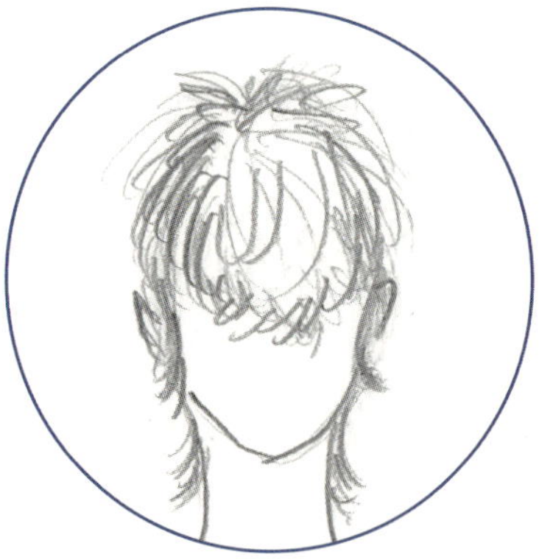

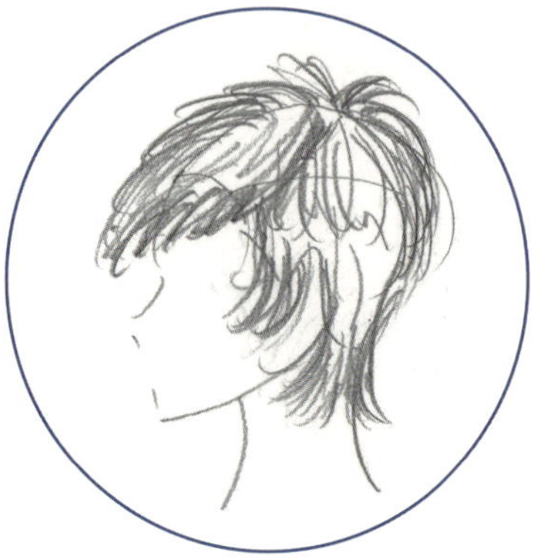

16

HIGH LAYER
SHAGGY SHORT

DESIGN *POINT*

グラベースにレイヤーを加えたシャギースタイル。アンダーとオーバーはつなげず、オーバーにはグラでぼんのくぼ付近に丸みをつける。サイドの耳前には前上がりのラインをつくり、バックのアウトラインは毛先をイレギュラーにする。

→ **CUT** *PROCESS* **P46-47**

17

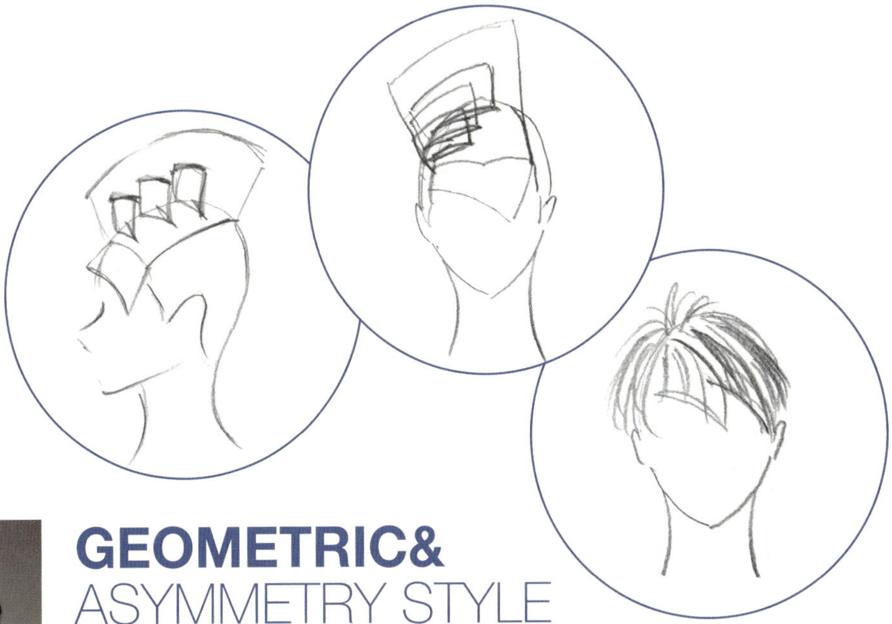

GEOMETRIC&
ASYMMETRY STYLE

DESIGN *POINT*

ジオメトリックなショートスタイルのカギは、斜めに切り込んだバングと、アシンメトリーなトップのレイヤー構成。オーバーのフォルムを左右で大胆に変え、アンダーはタイトに刈り上げ。スタイリング次第でさまざまな表情を楽しめる。

18

MUSH LAYER
CURLY STYLE

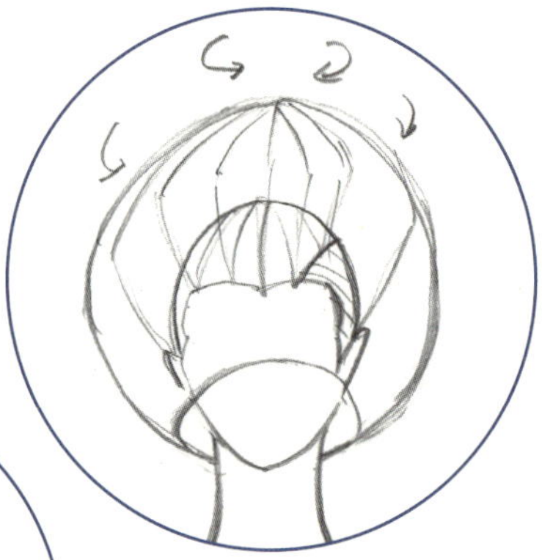

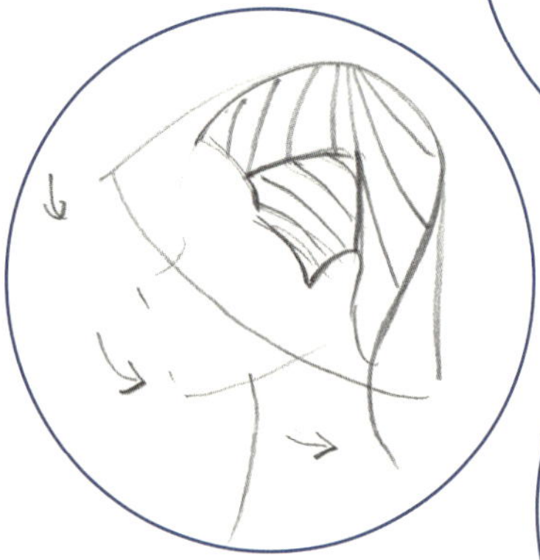

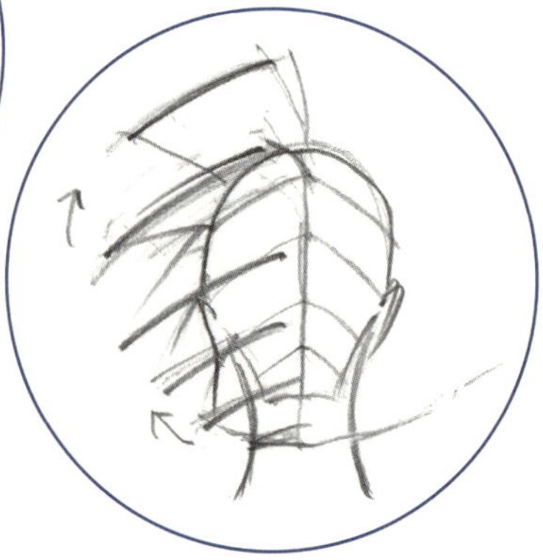

DESIGN *POINT*

地毛のクセを生かした、マッシュ系の前上がりスタイル。左サイドのみツーセクションで構成し、耳上を刈り上げる。ほかはすべてレイヤーを丸くつなげることで、ビッグシルエットでもなじみの良いデザインに。

19

VERY SHORT
INSPIRED BY SKINS

DESIGN *POINT*

1970年代、ロンドンの“スキンズ”をイメージ。アンダーはシザーズで丸く刈り上げ、オーバーのレイヤーはカットでつむじ付近にパネルを引いて厚みを残す。極端に短いV字バングとツーセクションライン沿いに施したラインで、インパクトのあるデザインに。

20

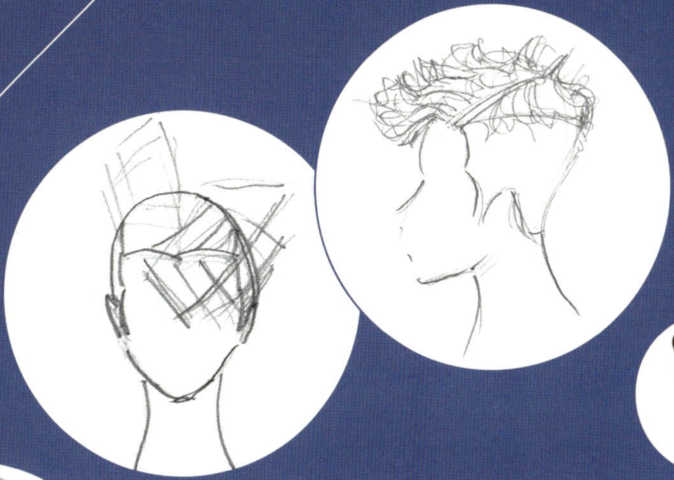

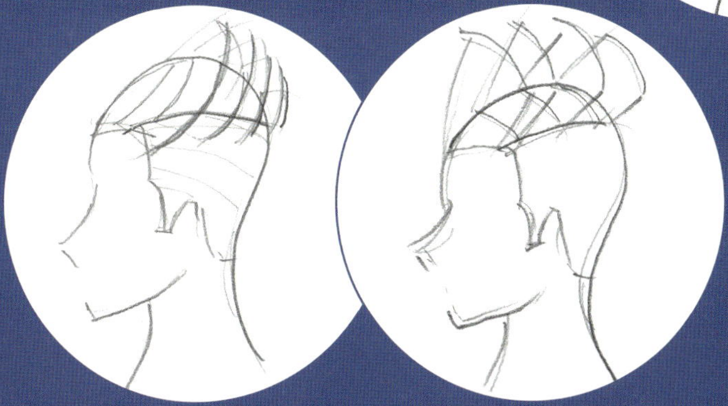

MEN'S SHORT STYLE
LAYER

DESIGN *POINT*

メンズのショートレイヤー。高めのツーセクションで分け、アンダーはシザーズとクリッパーでタイトに刈り上げる。オーバーはエレベーションでグラを入れ、アンダーに重ねる。セニングカットで仕上げ、毛先にやわらかい動きを。

→ **CUT** *PROCESS* **P58-59**

21

MEN'S SHORT STYLE
STEP LAYER

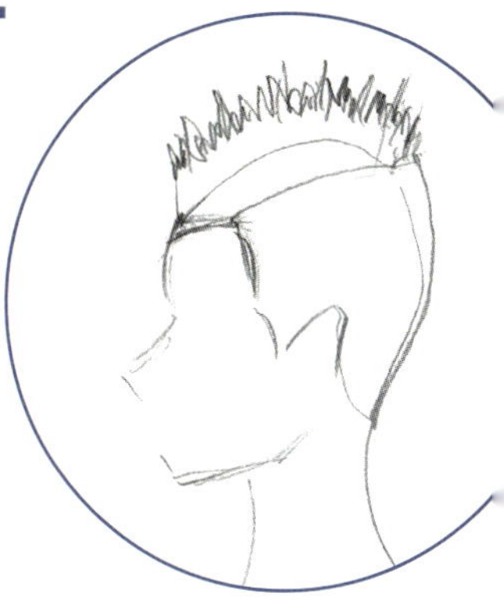

DESIGN *POINT*

『ジョジョの奇妙な冒険』をイメージしたメンズショート。高めの位置で分けとったオーバーはステップレイヤーにカット。シルエットが丸くなりすぎないよう、両サイド寄りにカドを残す。写真右のウイッグスタイルは、ツーセクションのイメージを単純化して表現したもの。

Two section
Cut Technique
for Basic

ベーシック編

ここからは、ウイッグを使ったツーセクションカットの実践編。
サロンワークでも使える、ベーシックな３スタイルの切り方を習得しましょう。

BASIC 1

ツーセクションで切るグラデーション

ベーシック編の１スタイル目は、グラデーションボブ。ツーセクションでアンダーを短く刈り上げますが、長さの残し方や丸みのつけ方次第で、サロンワークでも提案しやすいスタイルになります。

CUT *PLAN*

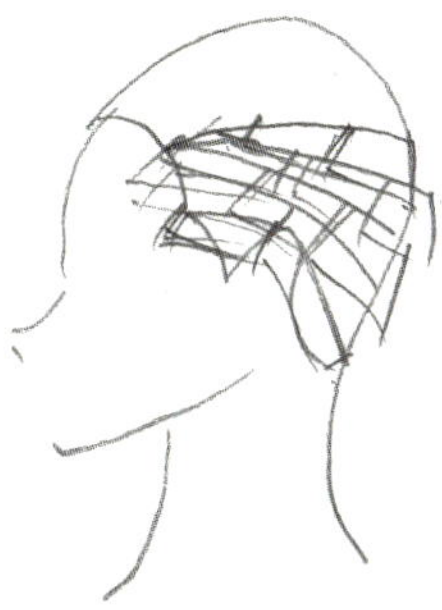

1

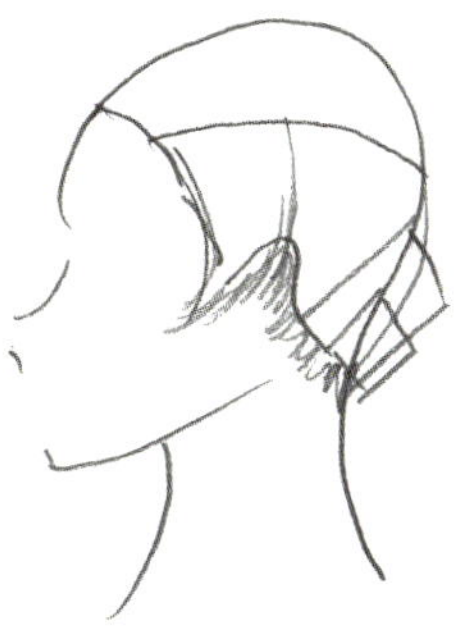

2

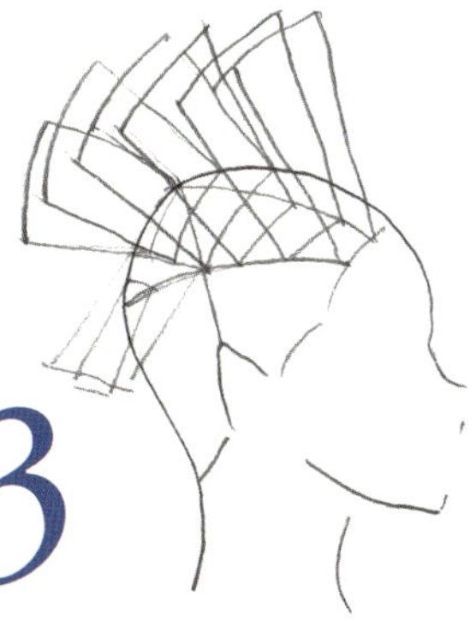

3

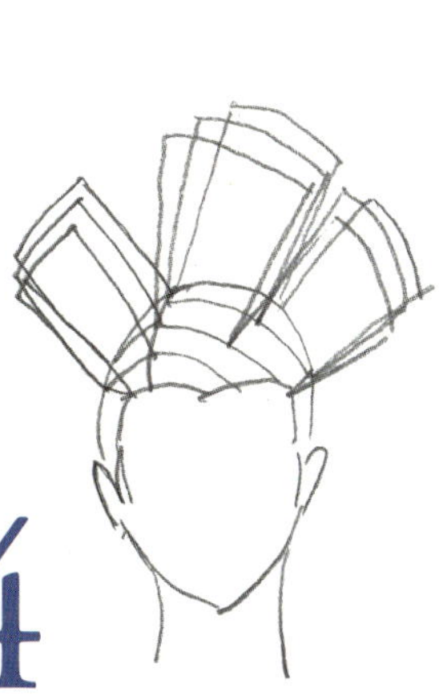

4

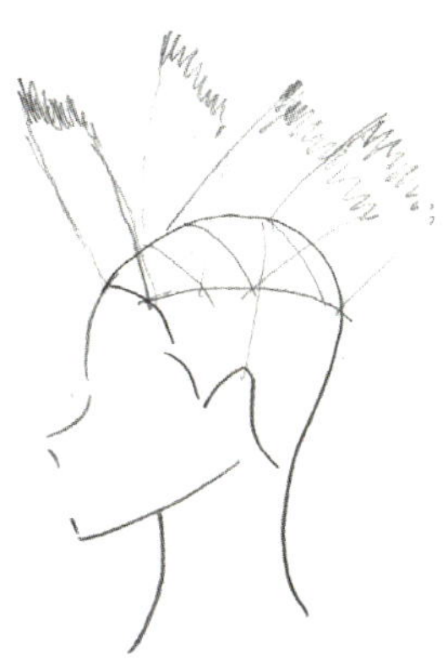

5

6

BLOCKING
ブロッキング

CUT PROCESS
プロセス

アンダーセクション

1 左サイドから、生え際と平行にとった斜めスライスからパネルを引き出し、指1本分の長さで1線目をグラデーションカット。

2 2線目は1と平行にスライスをとり、1のグラをつなげる。その後、耳後ろ～バックサイドへと切り進める。

3 スライスが長くなるバックサイドでは、引き出したパネルの上側からカット。1～2で入れたグラの延長線上でカット。

4 3と同じスライス上の下側のパネルは、3の切り口をガイドにグラをつなげる。

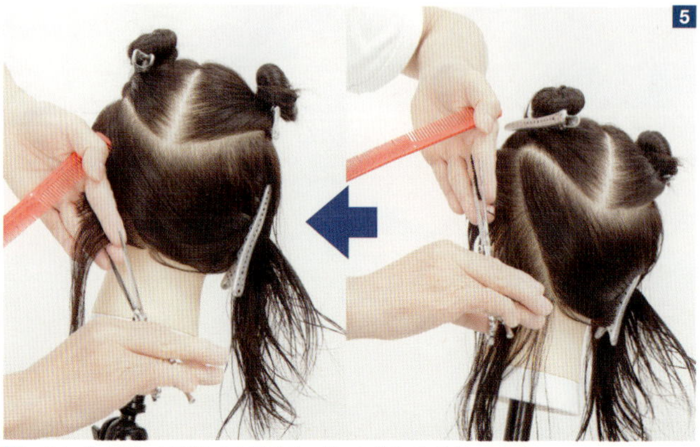

5 さらにバック側へと同様に切り進める。徐々に体もバック側へと移動していく。

6 バックセンター～右バック側へとオーバーラップさせるようにスライスをとり、グラをつなげる。

7 さらに右バックへと切り進め、右耳後ろまで同様にカットする。

8 右サイドも、**1**と同様に生え際と平行に斜めスライスをとり、グラデーションカット。

9 **2**～**6**と同様、右耳後ろ～バックサイド～バックセンターへと切り進める。**7**で右耳後ろまでカットしてあるので、左バック側へとオーバーラップさせる必要はない。

10 アンダーを短く刈り上げない場合は、ここでアンダーのカットを終え、オーバーへ進むことも可能。今回は、さらに内側を刈り上げて軽くしていく。

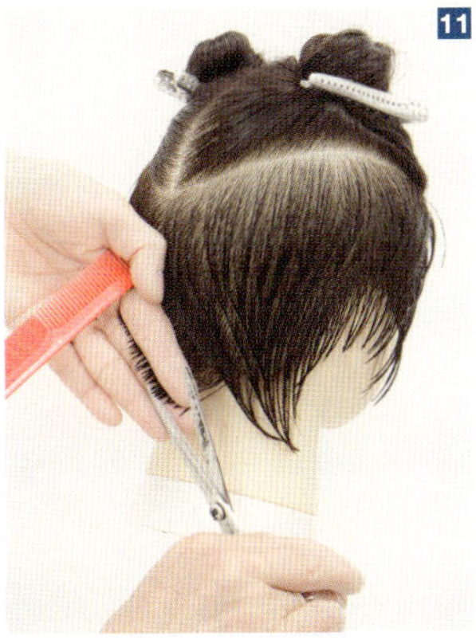

11 バックセンターに縦スライスをとり、チェックカット。衿足の重さをとる。

12 左サイドの生え際から、シザーズで刈り上げる。コームの歯を浮かせて、ツーセクションライン付近の長さと丸さを残す。

13 もみあげ～耳まわりは、生え際と平行にシザーズを入れ、アウトラインを整える。

14 左バックサイド～左バックにかけても、**12**と同様にシザーズオーバーコームでカット。

15 バックのツーセクションライン付近は、センターのブロッキングラインと平行にパネルを引き出し、クロスチェック。後頭部の丸みを意識し、サイドよりもバック側に長さを残す。

16 アンダーセクションの切り終わり。

オーバーセクション

17 オーバーセクションのフロント側を、右眉山の延長線上でサイドパートに分け直す。

18 ツーセクションライン際のバックセンターから引き出したパネルをややリフトアップさせ、ぼんのくぼ付近に毛先が落ちる長さでカットする。

BASIC 1 / GRADATION

オーバーセクション

19 18で切ったパネルの左右は、頭の丸さに合わせて斜めに引き出し、センター付近のグラをガイドにカット。ゴールデンポイント付近まで、18〜19と同様に切り進める。

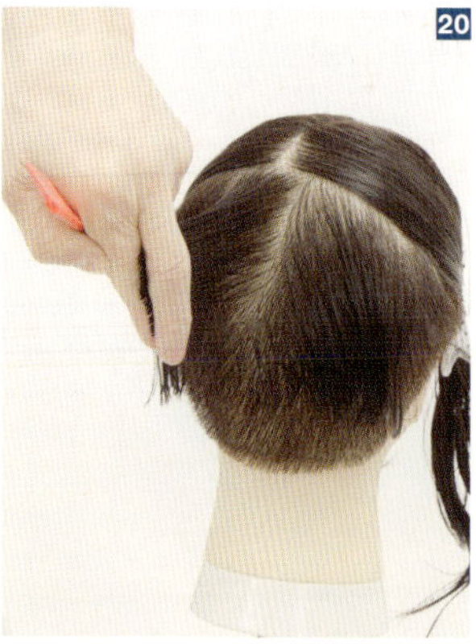

20 18〜19で切った部分に縦スライスをとり、クロスチェック。

21 20をガイドに、右バック〜耳上に縦スライスをとり、パネルをすべてバックセンターに集めてグラの重なりを整える。

22 バックセンターから引き出したパネルをリフトアップし、つむじ付近の重さをとる。

23 22 をガイドに、頭の丸さに合わせて徐々にパネルを下げ、切り進める。

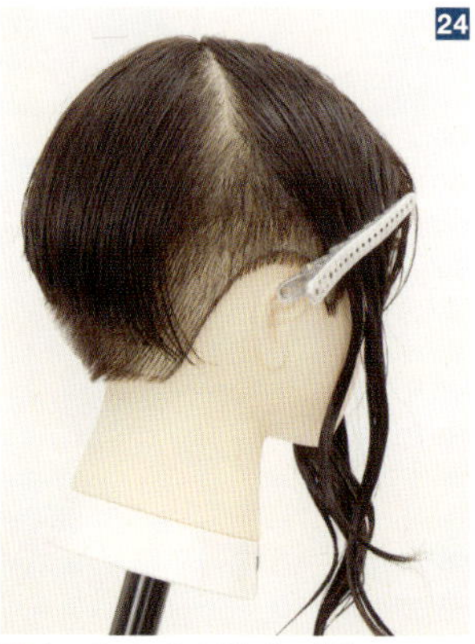

24 オーバーのバック側の切り終わり。

25 23まででつくったバックのグラデーションをガイドに、右バックサイド〜右サイドに斜めスライスをとり、パネルを後方に引き出してつなげる。

26 23の延長で、右サイドの生え際まで、後方にオーバーダイレクションをかけてカット。フロント側に長さを残す。

27 ヘビーサイドとなる左サイドは、内側と表面側に分けて施術。まず、バック側のパネルをオンベースに引き出し、バックのグラとつなげる。

28 左サイド内側の生え際は、26 よりゆるやかにオーバーダイレクションをかけてカットする。

29 表面もバック側はオンベースにパネルを引き出し、トップへとグラをつなげる。

30 フロントの生え際は、**26** と同様に後方へオーバーダイレクションをかけてカットする。

31 表面になる、**17** でとったパート付近をチェックカット。出てくるカドをとる。

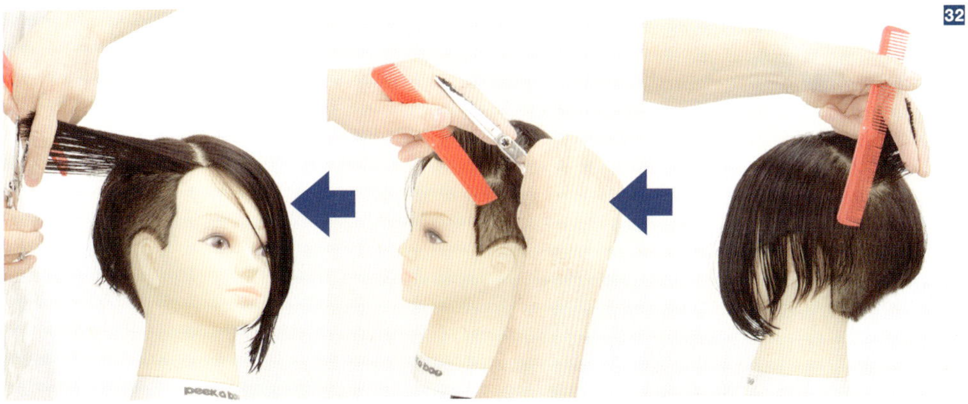

32 トップ、生え際、パート付近の表面など、クロスチェックを入念に行なう。

33 ウエットカット終了。

ドライカット

34 ドライ後、チョップカットで全体に毛先を軽くしていく。ツーセクションライン際は、ウエットカット時と同じハの字スライスからパネルを引き出し、チョップカット。

35 つむじまわりは、チョップカットを多めに施し、表面の軽さを整える。

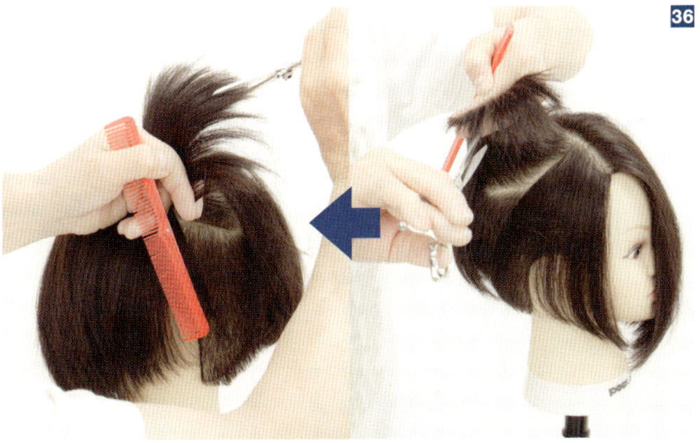

36 バックサイド〜サイドは、パネルを持つ手をフロント側へ返してチョップカット。アウトラインの毛先をイレギュラーにし、やわらかい印象に。

FINISH

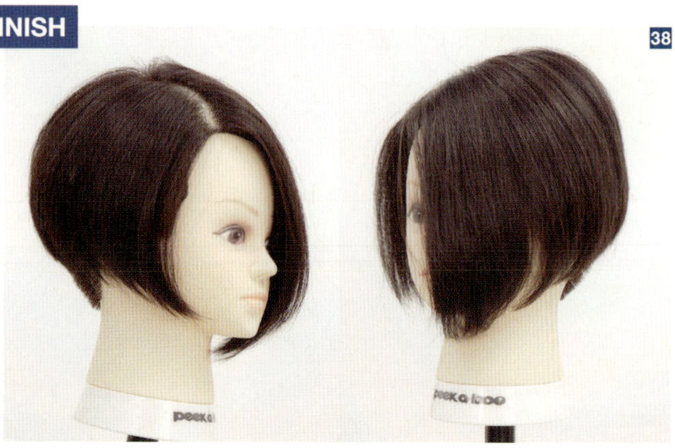

38 切り終わり。

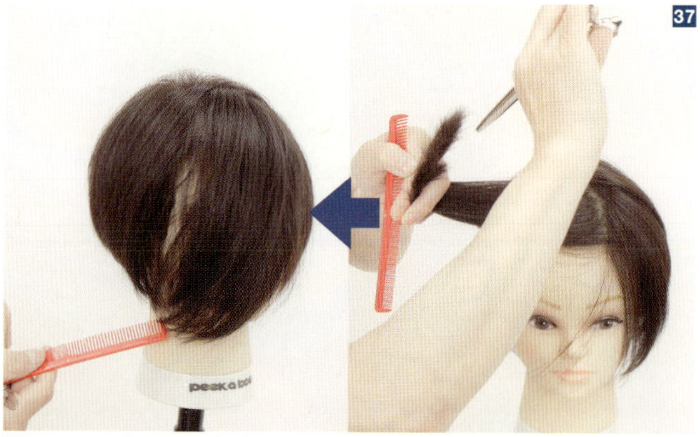

37 フロントのヘビーサイドの生え際は、ライトサイド側へパネルを引き出してチョップカット。これにより、パートを逆にとかしてもなじみが良くなる。

DESIGN *POINT*

アンダーの刈り上げでは、上に向かって長さと丸みが出るようにするのが女性らしく仕上げるポイント。オーバーは、ぼんのくぼ付近にきれいな丸みがつくようなグラデーションに設定する。

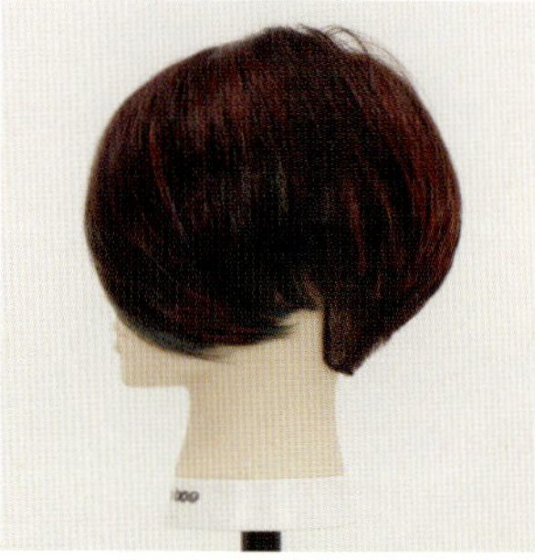

STYLE VARIATION

MUSH LAYER

BASIC
2

ツーセクションで切るマッシュレイヤー

2スタイル目は、マッシュ系のレイヤースタイル。仕上がりのデザインに合わせたツーセクションラインの設定、マッシュラインのつくり方など、サロンワークに生かせるテクニックを習得しましょう。

CUT *PLAN*

1
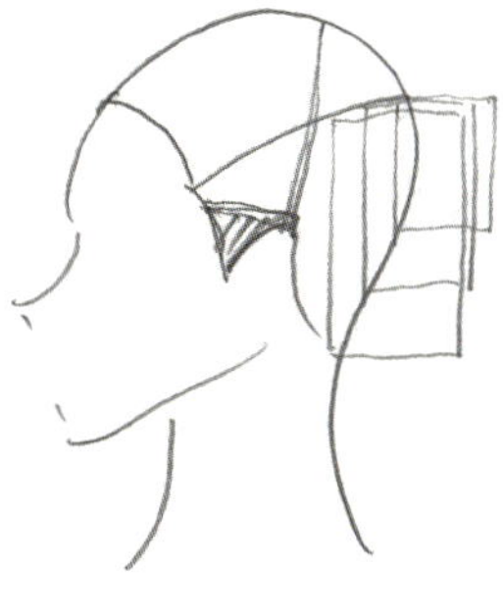

2

3

4
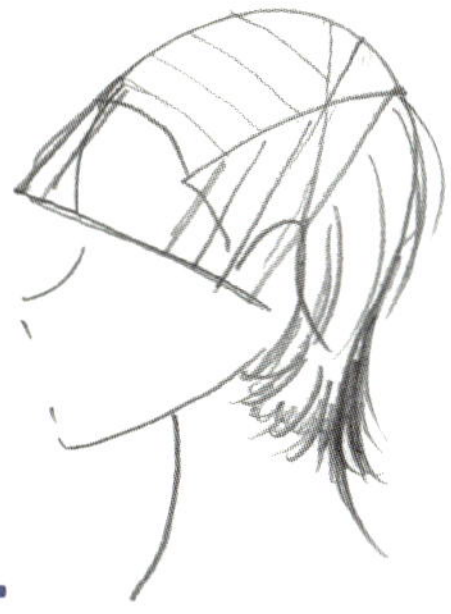

5
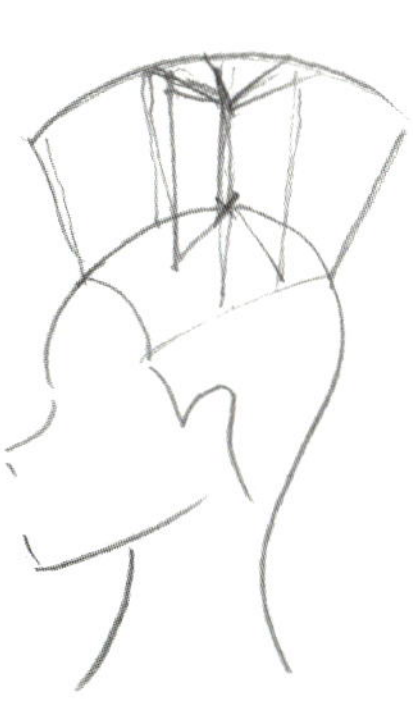

6
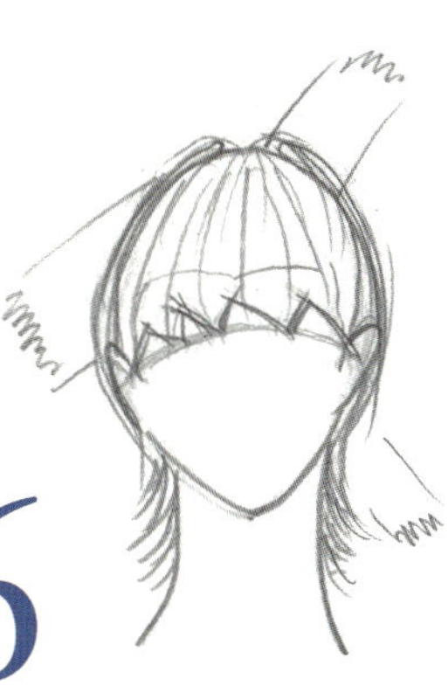

BLOCKING

ブロッキング

CUT *PROCESS*

プロセス

アンダーセクション

1 こめかみ付近から後ろ下がりにスライスをとり、生え際側をシザーズオーバーコームで重さをとる。逆サイドも同様に。

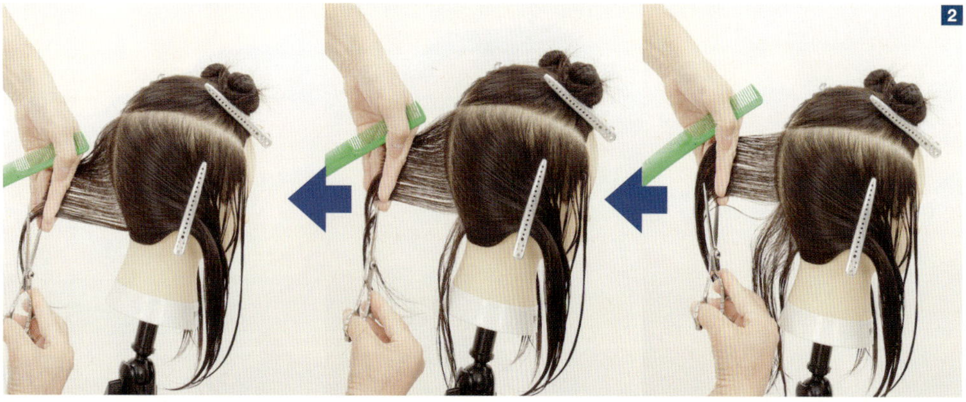

2 アンダーのバックセンターに縦スライスをとり、床と平行にパネルを引き出してレイヤーカット。生え際まで同様に切り進め、ガイドをつくる。

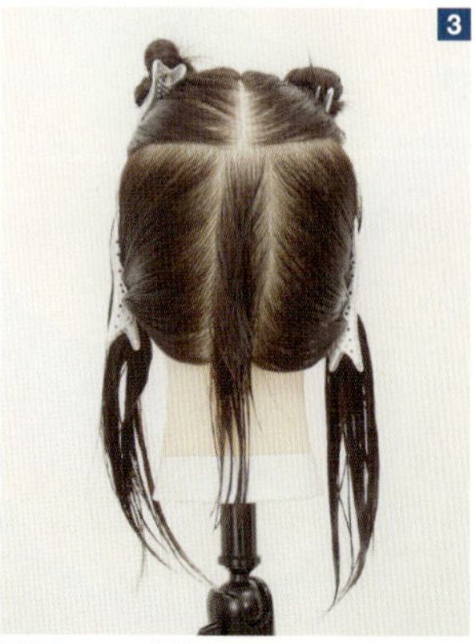

3 2 で、正中線上にガイドができた状態。

4 3 をガイドに、右バック～耳上に縦スライスをとり、パネルをスクエアにつなげる。

5 生え際のパネルは、頭の丸みに合わせ、下からコームでシェーブしてカット。

6 耳上のパネルまで、4 ～5 と平行にスライスをとり、1つ前の切り口をガイドにスクエアにカット。

7 左バック～左耳上も同様に、すべて1つ前の切り口をガイドにスクエアにカット。

8 バックトップにV字状にスライスをとり、オンベースにパネルを引き出して、下側をガイドにレイヤーを入れて重さをとる。

9 8 と平行のスライスからパネルをとり、右バックにレイヤーをつなげる。アンダーをチェックカットしながらレイヤーを入れ、バックサイド側へと切り進める。

10 スライスが長くなるバックサイドでは、後方に引き出したパネルの下側からカット。まずは生え際付近に入れたレイヤーの延長線上でカットする。

11 10 と同じスライス上で、ツーセクションラインから引き出したパネルにハイレイヤーを入れ、重さをとる。

12 右サイドの生え際は、頭の側面に対して直角に、真上に引き出してハイレイヤーを入れる。

13 サイドの重さがとれ、えりあしには長さが残った状態。

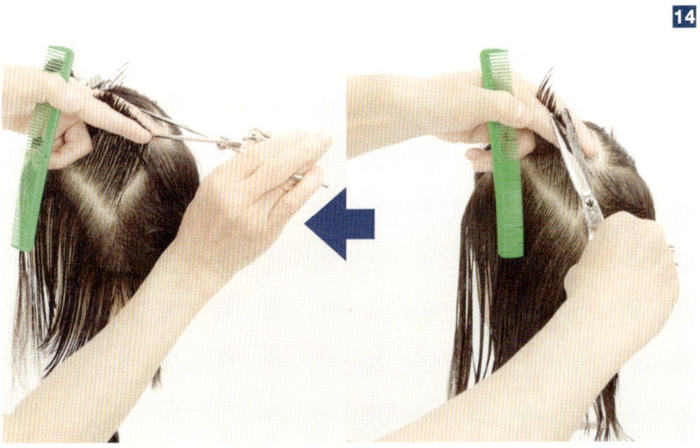

14 左バック～バックサイドも、8 ～ 12 と同様、斜めにスライスをとってレイヤーカット。

15 すそまわりはややラウンドした前上がりのアウトラインに。チョップカットで、切り口をやわらかくする。

16 バックセンターに縦スライスをとり、オンベースに引き出してチョップカット。衿足の毛先をイレギュラーにしつつ、すその厚みを調整。耳上付近に向け、徐々にスライスを斜めにしながら同様にチェックカット。

BASIC 2 / MUSH LAYER

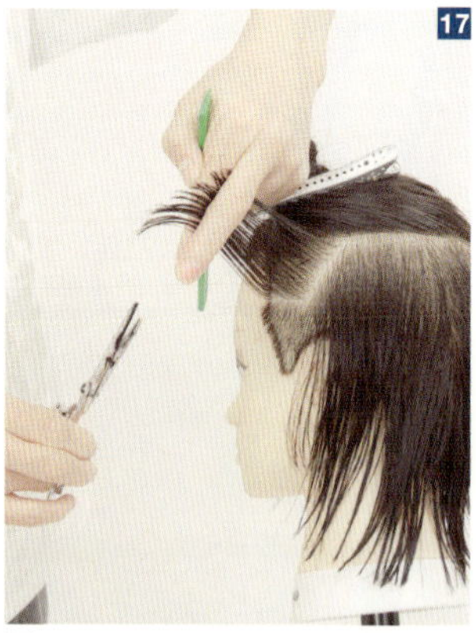

17 サイドのツーセクションライン付近も斜めスライスからパネルを引き出し、チェックカット。重さをとる。

18 アンダーセクションの切り終わり。

オーバーセクション

19 オーバーセクションは、耳上付近から前上がりにスライスをとり、パネルを前方に引き出し、レイヤーカット。サイドから切り始め、フロントセンターへと切り進める。

20 前髪はややラウンドさせ、顔まわりのなじみをよくする。

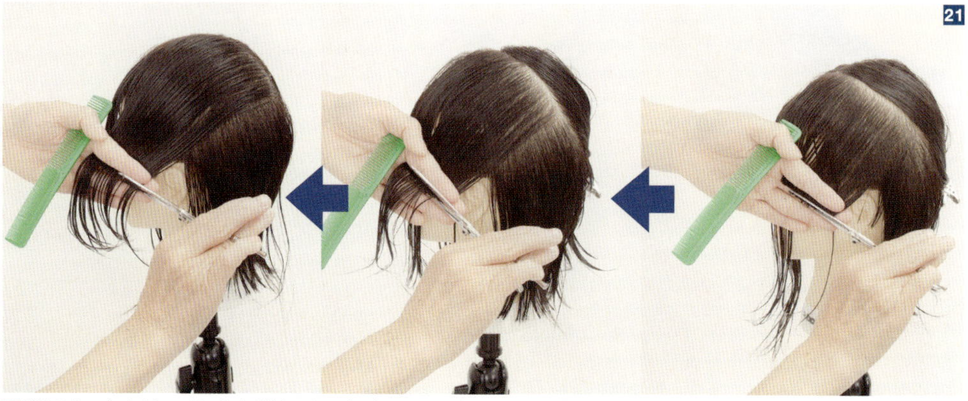

21 残りのオーバーセクションは、すべて前方にオーバーダイレクションをかけてカット。19と平行な前上がりのスライスから前方にパネルを引き出し、19と同じ位置でカット。バックセンターまで同様に切り進める。

22 左サイド～バックセンターまでのオーバーセクションを、マッシュラインにカットした状態。

23 右のオーバーも19～21と同様、耳上付近～フロントセンターを前上がりにカットしてアウトラインを決めた後、すべて同じ位置にパネルを引き出し、マッシュラインと段をつなげる。

24 オーバーの正中線から真上にパネルを引き出し、セイムレイヤーを入れてガイドをつくる。その後、まずはオーバーの右サイドからとった毛束をすべて真上に引き上げてレイヤーをつなげる。

25 オーバーの左サイドも24と同様、正中線につくったガイドにレイヤーをつなげる。

26 バックトップのツーセクションライン際からパネルをとり、フロントからの延長線上でレイヤーをつなげる。

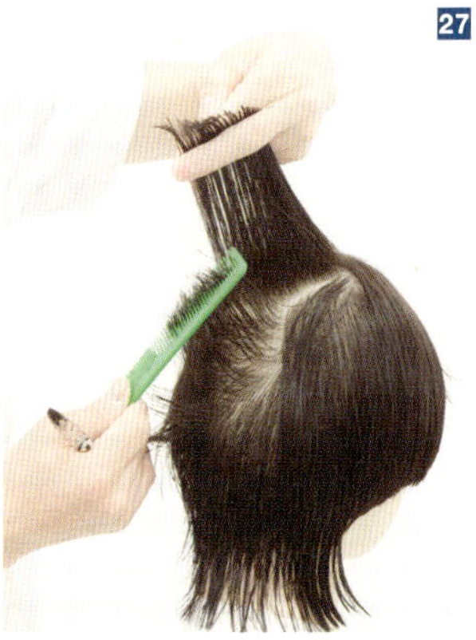

27 オーバーはアンダーとはつなげずにカット。オーバーのつむじ付近は長さを残し、フォルムに奥行きを出す。

28 オーバーのツーセクションライン際から斜めにスライスをとり、チェックカット。出てくるカドをとる。

29 スライスを平行にとりながらパネルを引き出し、フロントへと切り進める。

30 生え際のパネルもオンベースに引き出し、厚みをとる。逆サイドでも28～30の工程を繰り返す。

ドライカット

31 ハチ上は真上にパネルを引き出し、ハイレイヤーを入れる。

31と同様、つむじを中心に放射状にスライスをとり、ハイレイヤーをつなげる。つむじまわりにハイレイヤーを入れることで、トップがつぶれて横に広がるのを防ぐ。

33 バックのアウトラインにチョップカットを施し、すそまわりの重さをとる。

34 アンダーの中間～根元を間引き、軽くする。

35 右バックサイド～右サイドのオーバーセクションに、深めのチョップカットを施し、毛先の重さをとる。

36 35と平行にスライスをとり、サイド～顔まわりの生え際まで、同様にチョップカットで切り進める。アンダーのカドも一緒に削る。

37 逆サイドも35～36と同様にカットする。

オーバーセクション

38 ハイレイヤーを入れた部分から真上に、フロントはオンベースにパネルを引き出し、チョップカットで毛先の重さをとって、表面の質感を整える。

39 フロントの生え際を1線残し、内側の根元付近を間引いて量感を調整。

40 耳上の毛束にチョップカットを施し、切り口をやわらかくぼかす。

DESIGN *POINT*

オーバーは、顔まわりを包み込むマッシュラインとミニマムなフォルムがカギ。一方、アンダーのえりあしには長さを残し、ハネ感とやわらかい動きを出してメリハリをつける。

FINISH

41 前髪のラインに対して、縦にシザーズを入れてカット。すき間をつくり、抜け感を演出。

42 切り終わり。

STYLE VARIATION

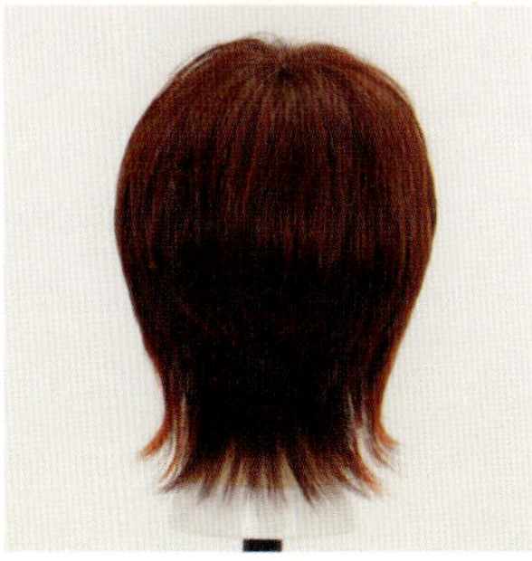

WOLF LAYER

BASIC 3

ツーセクションで切るウルフレイヤー

3スタイル目は、これまでよりレベルアップ。ウルフレイヤーの進化版を習得しましょう。注目ポイントは、変則的なブロッキングとセクションごとのレイヤー構成です。

CUT PLAN

1

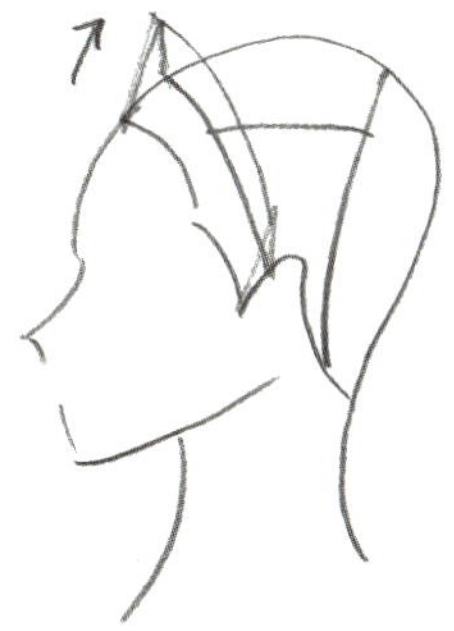

2

3

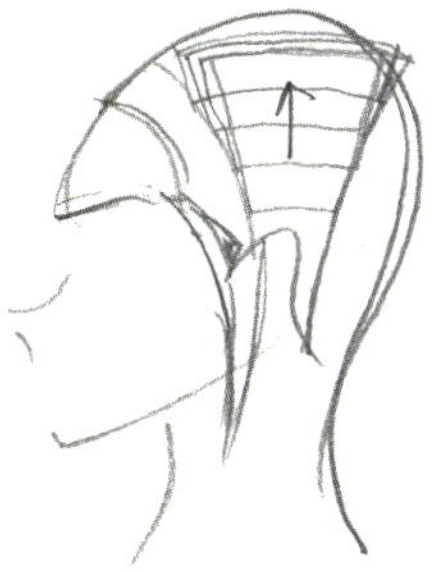

4

5

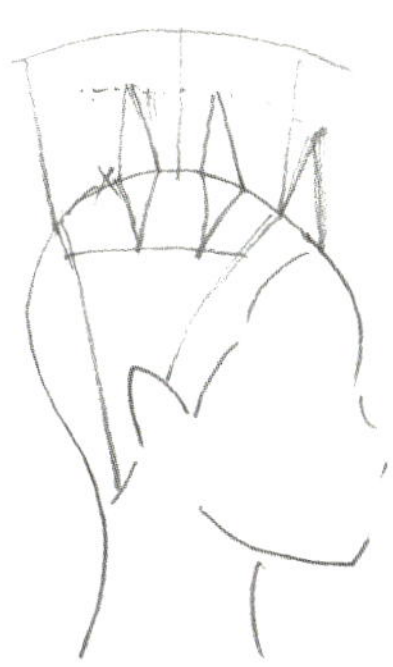

6

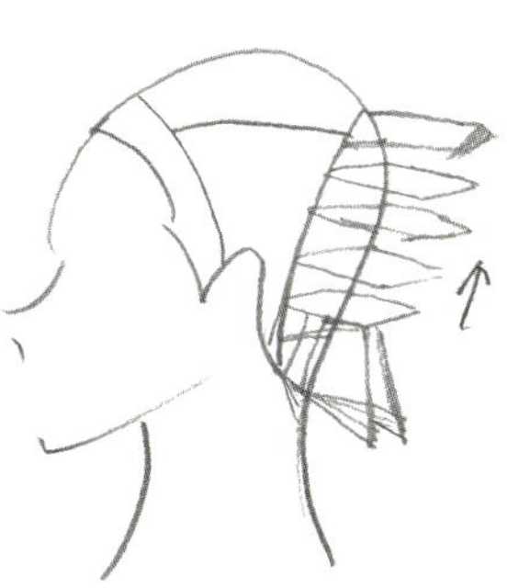

BLOCKING

ブロッキング

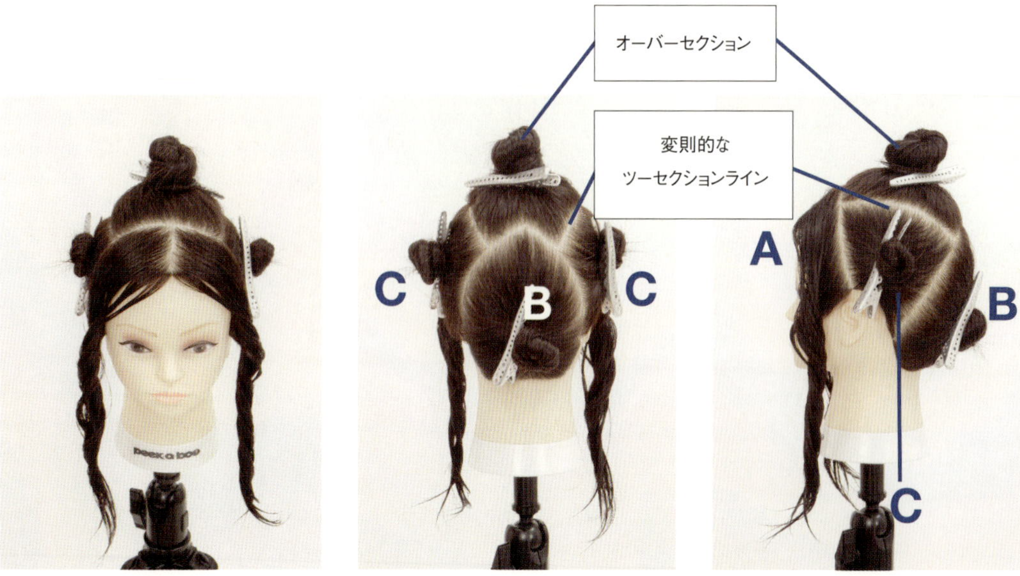

※アンダーは、耳前～顔まわり（A）、バック（B）、両サイド～耳後ろ（C）に分ける

CUT *PROCESS*

プロセス

アンダー（フロント）

1 顔まわりのセンターからカット。ブロッキングラインの延長上にパネルを引き出し、ハイレイヤーにカット。

2 耳上の生え際まで同様に、ブロッキングラインの延長上にパネルを引き出してハイレイヤーを入れ、フロント～サイド（耳前）の重さをとる。逆側も**2**と同様に切る。

3 **1**～**2**で切った部分をチェックカット。後方にパネルを引き出し、出てくるカドをとる。

4 前髪はセンターからカット。フリーハンドで斜めにシザーズを入れ、センターを長めに残す。

5 フロントサイドに向けて、ラウンド状にカットし、眉上のワイドバングに。

6 サイドの顔まわりはシザーズをすべらせるようにし、もみあげに向かってカット。

7 もみあげの生え際は、シザーズオーバーコームで短くカットし、フォルムを締める。

8 顔まわりにスライドカットを施し、軽さを出す。

9 バング〜顔まわりの切り終わり。逆サイドも、**5**〜**8**と同様にカットする。

アンダー（バック）

10 バックは、ぼんのくぼ付近に横スライスをとり、水平にパネルを引き出してカット。ここをアンダーのガイドにする。

11 2線目以降は、すべて水平にパネルを引き出し、1つ前の切り口をガイドに上へと切り進めて板状につなげる。

12 ツーセクションライン際まで、**11**と同様にカットする。

13 板状に切ることで、ぼんのくぼのやや上にウエイトができた状態。

14 ぼんのくぼ下〜生え際の正中線上に縦スライスをとり、パネルを若干引き上げてレイヤーカット。

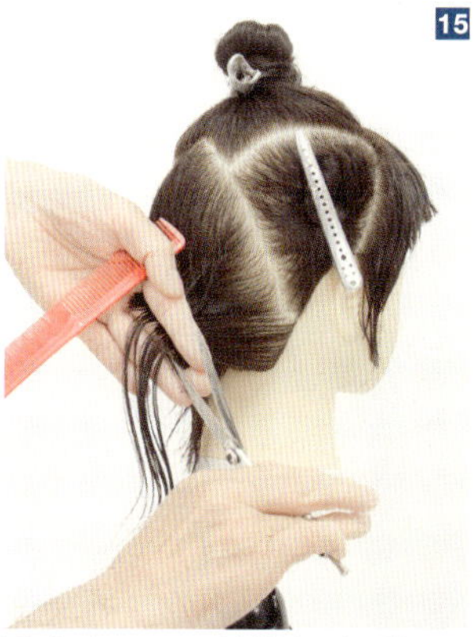

15 右バック〜三ツ衿付近の生え際まで、**14**と平行に縦スライスをとり、1つ前の切り口をガイドにレイヤーをつなげる。左バック〜生え際も同様にカットする。

BASIC 3 / WOLF LAYER

アンダー（サイド）

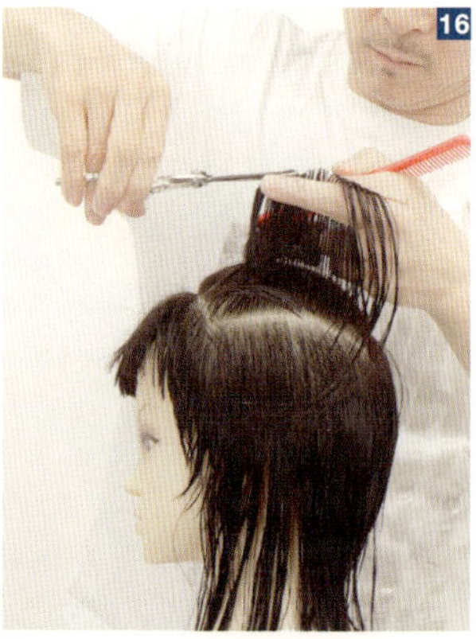

16 左サイドのツーセクションライン際に、ツーセクションラインと平行なスライスをとり、真上にパネルを引き出してレイヤーカット。

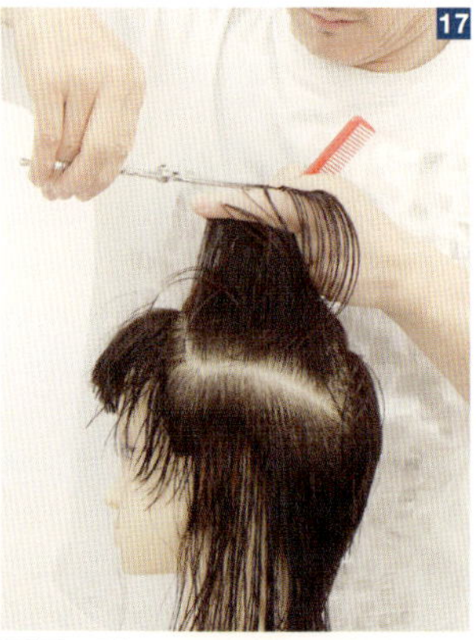

17 16 と平行にスライスをとり、引き出したパネルをすべて 16 に集めてハイレイヤーをつなげる。

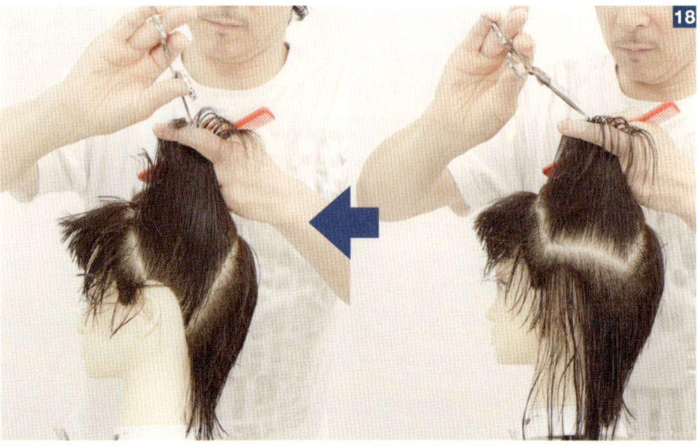

18 耳まわりの生え際に近いパネルからは、チョップカットに切り替え、アウトラインの毛先をイレギュラーにする。

19 左サイドの切り終わり。バックセンターまで同様に切り進める。

20 右サイドも、16～19と同様、ハイレイヤーにカットする。

オーバーセクション

21 つむじ付近から真上にパネルを引き出し、レイヤーカット。

22 21 と平行に横スライスをとりながら、モヒカンラインからカット。21 をガイドに、フロントへスクエアにレイヤーをつなげる。

23 フロントのブロッキングライン際まで、22 と同様にカットする。

24 バックのツーセクションライン際から真上にパネルを引き出し、モヒカンラインに入れたレイヤーとつなげる。ガイドとはつなげず、フロントのブロッキングラインまで、同様に切り進める。

25 逆側の右バックも、24 と同様にカットする。

26 つむじからバックのツーセクションライン際に縦スライスをとり、真上にパネルを引き上げ、フロント側のレイヤーをつなげる。その後、バックトップ（オーバー）の髪を正中線上に集め、レイヤーをつなげる。

27 オーバーの正中線上に縦スライスをとり、オンベースにパネルを引き出してチョップカット。オーバーのカドをとる。

28 つむじを中心に放射状にスライスをとり、27 と同様にカット。

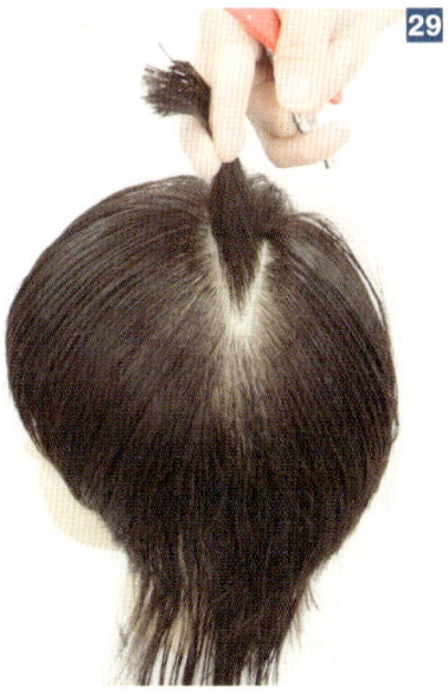

29 左のハチ付近に斜めにスライスをとり、表面にさらに短いレイヤーを入れる。逆側も同様にカット。

30 29 のスライスから１センチ間隔をあけ、フロント側に 29 と同様の斜めスライスをとり、ここにも表面に短いレイヤーを入れる。

31 オーバーの前後にディスコネクトしてレイヤーを入れた状態。

32 オーバーのフロント、右サイド側にも 30 と同様にレイヤーを入れる。

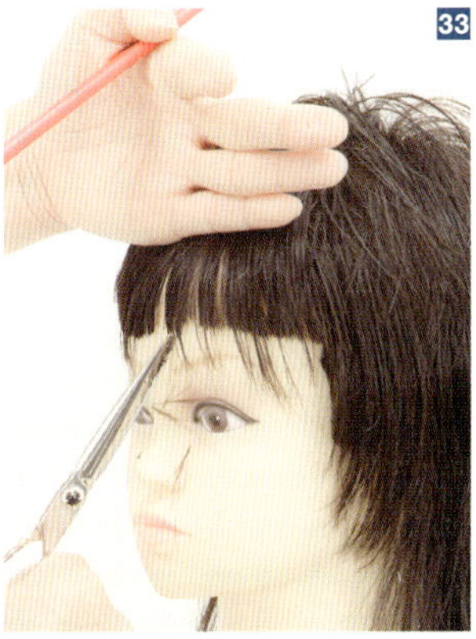

33 フロントを放射状にシェープし、前髪に重なる部分をチョップカット。バングの厚みと量感を整える。

34 ウエットカット終了。

ドライカット

35 ドライ後、顔まわりを短く切り込み、シャープに締める。

36 前髪にチョップカットを施し、すき間をつくる。

37 前髪のセンターにシザーズの刃先を入れ、V字状のラインを整える。

38 バックのアウトラインにチョップカットを施し、毛先をなじませる。

39 バックサイドに斜めスライスをとり、フロント側にパネルを引いてチョップカット。バックセンター側に長さを残しつつ、重さをとる。左右同様に。

40 サイドのツーセクションライン付近に斜めスライスをとり、パネルを引き上げてチョップカット。耳上の重さをとる。

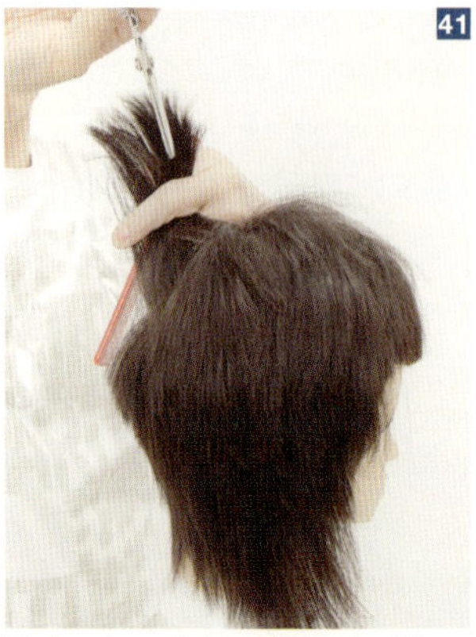

41 オーバーのバックトップからパネルをとってチョップカットを施し、アンダーに重なる部分の毛先を軽くする。

42 バックサイド側も 41 と同様に、チョップカットで毛先を軽くする。

43 トップをチェックカット。ディスコネしたレイヤーそれぞれの毛先を整える。

FINISH

44 スタイリング前（左サイド）は直線的でシャープな印象。カールアイロンでフォワード巻きにスタイリングすると、大胆な動きのあるデザインに（右サイド）。

DESIGN POINT

ツーセクションを基本に、アンダーをフロント、バック、サイドに分けた変則的なブロッキングが特徴。オーバーもレイヤーをつなげずに構成することで「面白みのあるデザイン」になり、ひと味違うウルフレイヤーに。

STYLE VARIATION

Two section
Cut Technique
for Advanced

応用編

モデルによる応用編では、11スタイルのカットテクニックを紹介します。
すべてツーセクションでカットされた、実用的かつ感度の高いスタイルです。

GEOMETRIC GRADATION 1

ジオメトリックな前下がりのグラデーションスタイル

BLOCKING

BEFORE

CUT PROCESS

サイドのアンダー

1 左サイドのアンダーセクションは、ツーセクションラインと平行のスライスでパネルを引き出し、レイヤーカット。

2 2線目以降も、1線目と同じ位置にパネルを引き出してカット。その後、生え際のパネルまで同様に切り進める。

3 **1**～**2**でカットした毛束をフロント側へとかし、バック側から斜めにシザーズを入れてカット。前下がりのアウトラインをつくる。

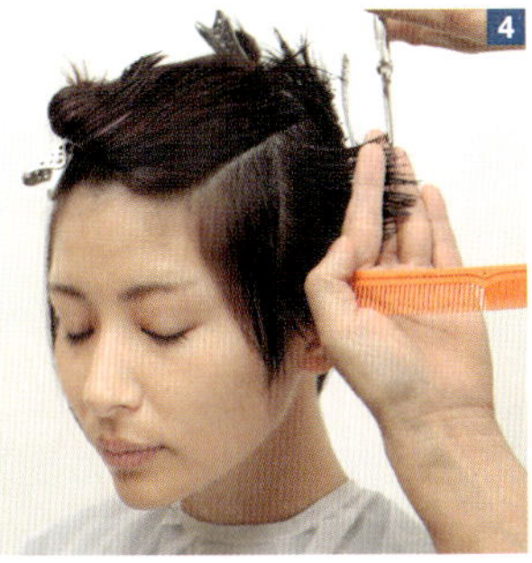

4 左サイドのチェックカット。縦スライスでパネルを引き出して切り、重さをとる。

5 右サイドのアンダーセクションも、**1**～**4**と同様に施術する。

バックのアンダー

6 バックのアンダーセクションは、左上のパネルから施術。ツーセクションラインと平行のスライスをとり、ツーセクションライン上にパネルを引き出してカット。2線目も同様にカットする。

7 3線目以降は、**6**よりもやや右下がりのスライスで、ツーセクションラインに向けてパネルを引き出してカット。衿足まで同様に切り進める。

8 右バックのアンダーセクションも、**6**～**7**と同様にカット。

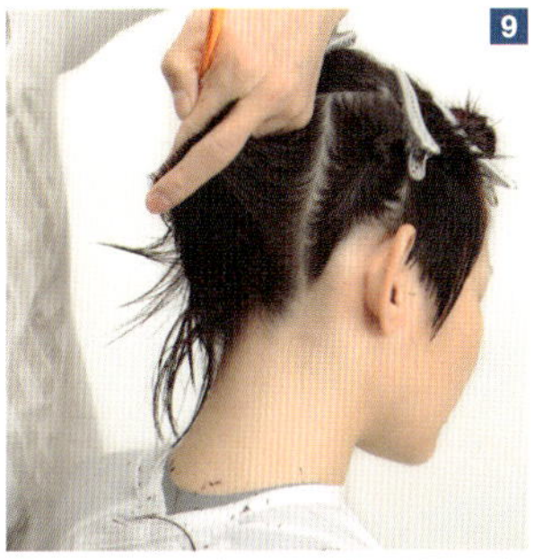

9 衿足まで切り進める。バックを前下がりのグラデーションにする。

10 バックセンターにハの字スライスをとり、グラデーションにカット。

11 2線目以降は、パネルをやや中央に寄せるように引き出し、バックサイドまで切り進める。左右同様に。

12 バックの毛束を自然にとかし、シザーズでアウトラインを整える。

アンダーの耳後ろ

13 ブロッキングで分けておいた耳後ろの毛束は、ツーセクションラインと平行のスライスでパネルを引き出し、前後で切った長さをガイドにカット。生え際まで同様にカットする。

14 バック側から斜めにシザーズを入れ、耳後ろのアウトラインを整える。逆サイドの耳後ろも、13 ～14 と同様に施術。

オーバー

15 オーバーセクションは、バック側から施術。センターのパネルを縦スライスで真上に引き出し、レイヤーカット。フォルムに丸みを出し、やわらかい印象に。

16 2線目以降のパネルは、すべて正中線上に集めてカットする。左右同様に。

17 オーバーのフロント側は、センターのパネルを斜め後方に引き出してカット。フロントに重さを残す。2線目以降は放射状のスライスで切り進める。

ドライカット

18 ドライ後、オーバーとアンダーの境目付近のパネルをとりチョップカット。境目の切り口をイレギュラーにすることで、やわらかさを演出。

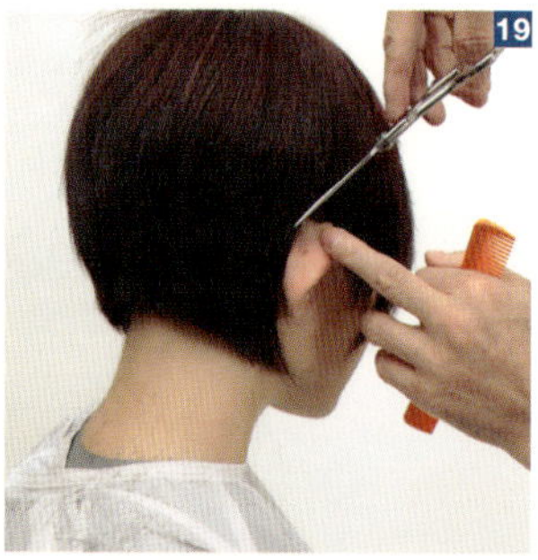

19 耳まわりの内側を、耳上からバック側まで1センチ切り込み、タイトに締める。

20 サイドのオーバーはパネルを上げてチョップカット。サイドのアウトラインをチェックする。

21 フェイスラインの表面の毛束を分けとり、内側のパネルの中間にセニングシザーズでセニングを施して重さをとる。さらに毛先をチョップカットでイレギュラーにし、ルーズな質感に。

22 耳後ろの中間～毛先にシザーズの刃先でセニングを施し、少しだけ軽さを出す。

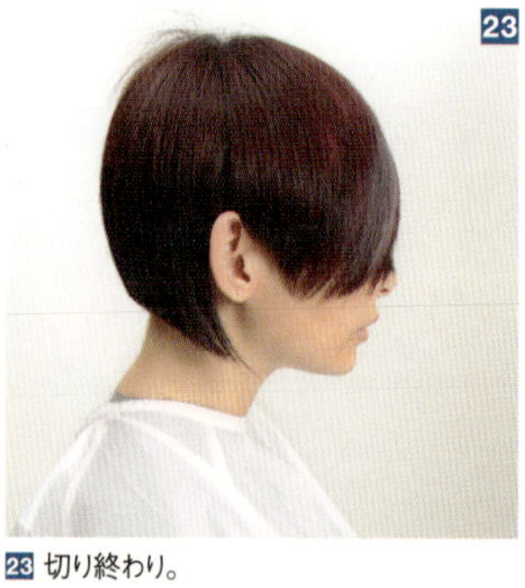

23 切り終わり。

LOOK BOOK P18

MORE CONTRASTING GRADATION 2

スタイル1からさらにアンダーとオーバーのメリハリをつけたスタイル

BLOCKING

ツーセクションラインの設定は、スタイル１と同様。

BEFORE

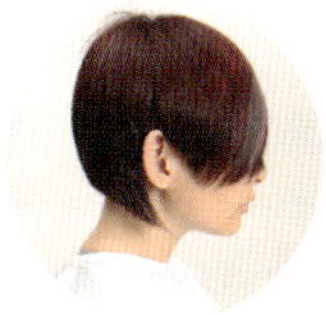

CUT PROCESS

アンダーセクション

1 サイドのアンダーは、ツーセクションラインのすぐ下から斜めにスライスをとり、やや前方にパネルを引き出してグラデーションを入れる。その後、１線目と平行にスライスをとり、頭の丸みに合わせて丸くグラデーションをつなげる。

2 バックセンターまで、1 と同様にカットする。

3 シザーズオーバーコームで、左サイドの生え際からカット。コームの上側を浮かせて、ツーセクションライン付近の長さを残す。

4 左バックサイド～バックのアンダーも、3 と同様に刈り上げる。コームは、ツーセクションラインと平行にあてるよう意識し、ブロッキングラインに向かって長さを残す。

5 バックセンター～右バックサイドにかけても斜めスライスからパネルを引き出し、まずはグラデーションを入れる。バックのアウトラインを整える。

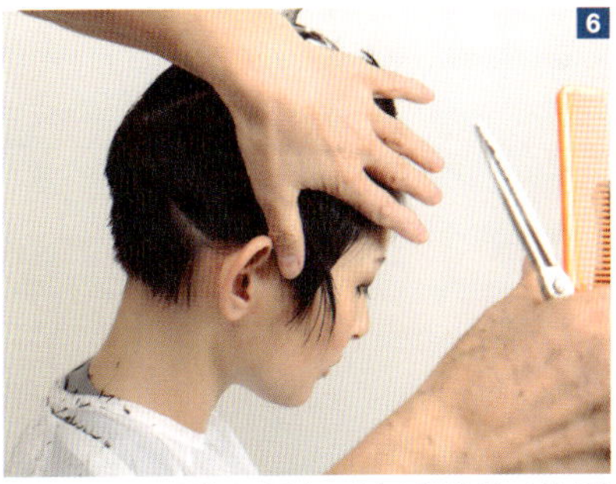

6 右サイドのみ耳後ろ～耳上の毛束を分けとり、長さを残しておく。

7 6 で長さを残したセクションと接する部分から、5 と逆に斜めスライスをとり、5 と同様にグラデーションにカット。バックセンターまで同様に切る。

8 右バックのネープを、シザーズオーバーコームでカット。左側も同様に。

6 で長さを残した部分の髪をおろし、ネープの長さを基点に、斜めにシザーズを入れてアウトラインを整える。

10 右サイドの耳後ろに、鋭角的な前下がりのアウトラインをつくることで、シャープな印象をつくる。

11 右のこめかみ付近に斜め（前上がり）スライスをとり、斜め前方にパネルを引き出してグラデーションを入れる。耳上付近まで同様にカット後、耳後ろ付近からはオンベースにパネルをとってつなげる。

オーバーセクション

12 右耳後ろ付近に長く残した毛束はカットせず、バック側へとオンベースで切り進める。バックセンターは、縦にスライスをとってつなげる。

13 バックのオーバーは真上にパネルを引き出し、左バックサイドのアンダーをガイドに、チョップカットでレイヤーを入れる。

14 スタイル1と同様に、アンダーとはつなげずに切り進める。ハイレイヤーを入れ、トップ～フロント側を短く切り込むことで、さらに動きの出るスタイルに。

15 放射状にパネルをとり、まわり込んでレイヤーをつなげる。フロントの髪はカットせずに長さを残す。

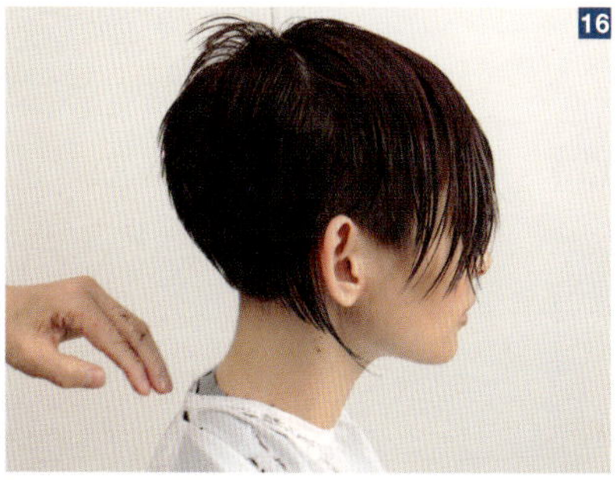

16 ウエットカット終了。アンダーとオーバー、フロントとバックに長短差をつけたことで、動きとメリハリがついている。

ドライカット

17 オーバーの中間をカットシザーズで間引き、重さをとる。

18 オーバーのフロント側は、中間からスライドカットを施し、軽さと毛流れを調整。

LOOK BOOK P22

LAYER STYLE
FALLING FRONT
3

フロントに長さを残した、前下がりのレイヤースタイル

BLOCKING

BEFORE

CUT PROCESS

アンダーセクション

1 アンダーのバックセンターに縦スライスをとり、床と平行にパネルを引き出してレイヤーカット。生え際まで同様にカットし、ガイドをつくる。

2 右バック～右耳上のパネルまで、1と平行にスライスをとり、1つ前の切り口をガイドに、スクエアにレイヤーをつなげる。

3 左バック～左耳上も同様に、すべて1つ前の切り口をガイドにレイヤーをつなげる。

4 クロスチェック。右バックから斜めにスライスからパネルを引き上げてカドをとる。

5 生え際のパネルまで、4と同様に切り進める。

バックのアンダー

6 左バックも4～5と同様、斜めスライスでパネルを引き上げてクロスチェック。

7 バックのアウトラインにチョップカットを施し、すそまわりの重さをとる。

8 左サイドバックのツーセクションライン付近に斜めスライスをとり、オンベースに引き出してレイヤーカット。

9 左耳上から前下がりの斜めスライスをとり、8と同じ位置にパネルを引き出してレイヤーを入れ、内側の長さを残す。

10 クロスチェック。9とは逆の斜めスライスをとり、フロント側にパネルを引き出し、出てくるカドをとる。

11 右サイドバック～右耳上にかけても、8～10と同様にレイヤーカット。

オーバーセクション

12 オーバーのバックセンターに縦スライスをとり、ツーセクションライン～イヤーツーイヤーからオンベースにパネルをとってレイヤーを入れ、ガイドをつくる。オーバーのイヤーツーイヤーよりバック側は、すべてこのガイドに集めてつなげる。

13 頭頂付近は後方にパネルを引き出し、12の延長線上でつなげる。バック側の切り口はレイヤー、フロント側はグラになる。

14 つむじまわり～フロントも同様に、バックからの延長線上にガイドをつくった後、左右の毛束を後方かつガイドに集めてつなげ、顔まわりに長さと重さをつくる。

ドライカット

15 トップのパネルを真上に引き上げ、チェックカット。出てきたカドをとる。

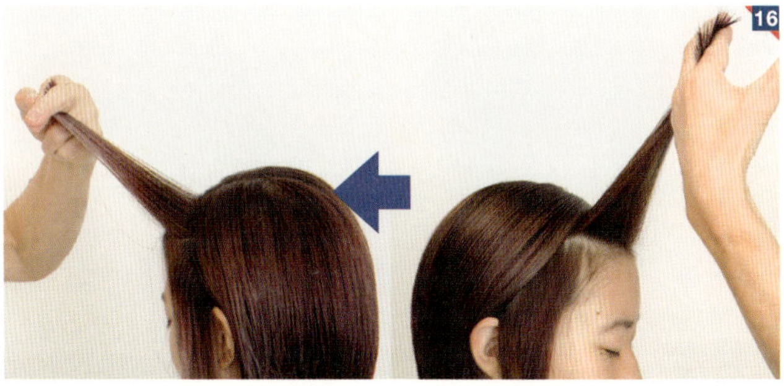

16 フロントの生え際はオンベースに引き出し、チェックカットでカドをとる。

17 アンダーのツーセクションライン付近から縦スライスでパネルを引き出し、チョップカットで表面に軽さを出す。

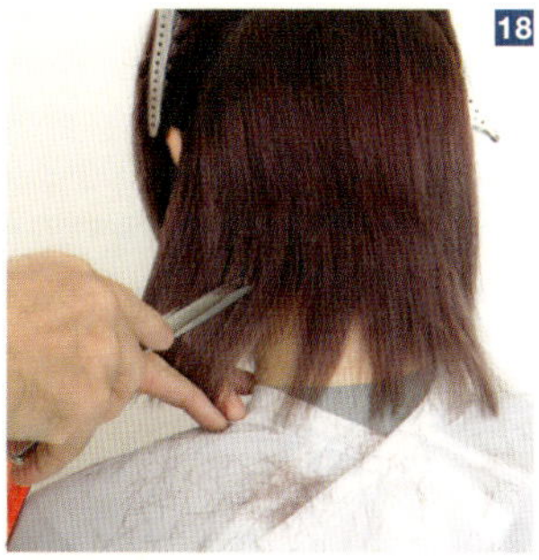

18 バックのアウトラインの長さはキープし、表面の中間を間引いて量感を調整する。

19 サイドのアンダーも、ツーセクションライン付近に斜めスライスをとってパネルを引き出し、チョップカットで軽さを出す。

20 オーバーとアンダーはつなげずにカットし、オーバーのフロントには長さを残す。

21 オーバーとアンダーの境目付近の根元を間引き、境目をなじませる。

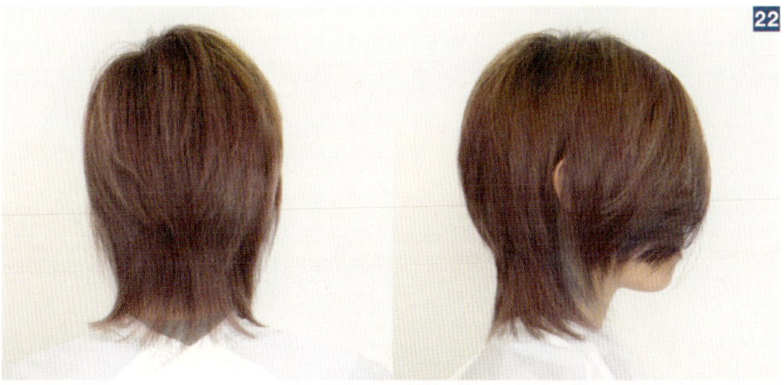

22 切り終わり。

LOOK BOOK P32

LAYER STYLE
MORE COMPACT 4

3からさらにアンダーをコンパクトにしたスタイル

BLOCKING

BEFORE

CUT PROCESS

バックのアンダー

1 バックセンターの生え際付近にハの字スライスをとり、グラデーションカット。

2 2線目以降は、1 と平行にスライスをとり、パネルをリフトアップして右バックへと切り進め、グラデーションをつなげる。

3 三ツ衿～耳上は、パネルをやや後方に引いてグラデーションカット。

4 右バックに斜めスライスをとり、チェックカット。出てくるカドをとる。

5 三ツ衿の延長上～耳上は、後方に引いてチェックカット。

6 5 でカットしたパネルをやや前方に引き出し、チェックカット。左バックでも、2 ～ 6 の工程を繰り返す。

7 バックのアンダーの切り終わり。

サイドのアンダー

7 サイドのアンダーは、ツーセクションライン際から斜めスライスをとり、オンベースにパネルを引き出してレイヤーカット。平行にスライスをとってフロント側へと切り進める。

9 サイドの生え際は、パネルをやや引き上げてカットする。

10 9 で切ったパネルをフロント側へ引き出し、チェックカット。逆サイドでも、8 ～ 10 と同様にカットする。

オーバーセクション

11 オーバーは、1 でブロッキングしたフロント側から施術。まず、生え際から斜め前方にパネルを引き出し、表面に長さが残るように段を入れる。

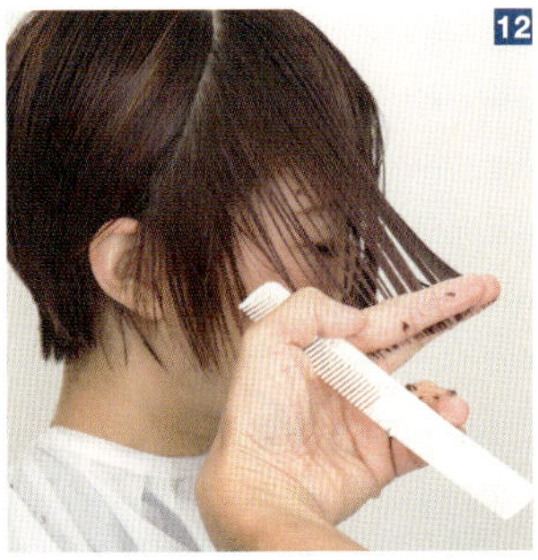

12 右耳上からスライスをとり、11 をガイドに、右サイドも表面に長さを残すように段をつなげる。

13 オーバーのバック側は、センターに縦スライスをとり、斜め後方にパネルを引き出し、表面の長さをガイドにグラを入れる。

14 13 をガイドに、右バックサイド、右サイドへと斜めスライスでグラをつなげる。

15 フロント側のヘビーサイドは、パネルを斜め後方に引き、11 ～12 で切った顔側の長さを残しながら、バックからのグラをつなげる。

16 15 と同様、ライトサイドにもグラを入れる。

17 ハチ上の髪を真上に引き出し、ハイレイヤーで表面のカドを削る。

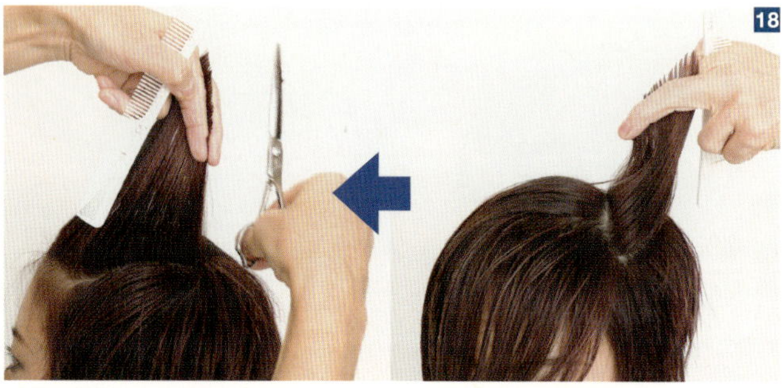

18 17 と同様、つむじを中心に放射状にスライスをとり、ハイレイヤーをつなげる。

ドライカット

19 ドライ後、オーバーとアンダーの境目付近からパネルをとり、チョップカット。境目の切り口をやわらかくなじませる。

20 ハイレイヤーを入れた部分から真上にパネルを引き出し、チョップカットで毛先の重さをとる。

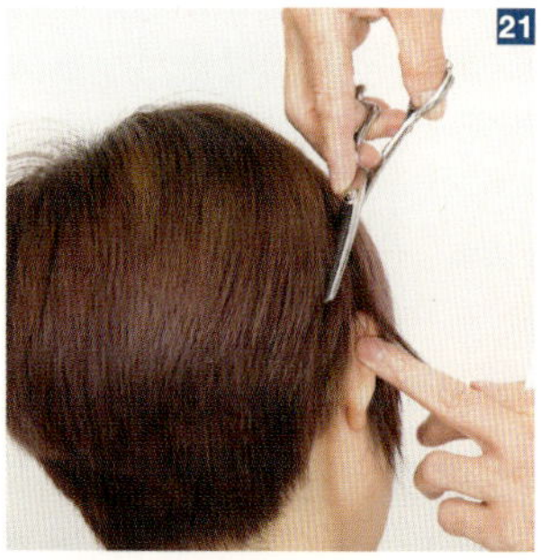

21 耳後ろの重さが溜まる部分にセニングカットを施し、量感を調整。

22 サイド～フロントのアウトラインにもセニングを施し、軽さとラフな動きを出す。

LOOK BOOK P32 /

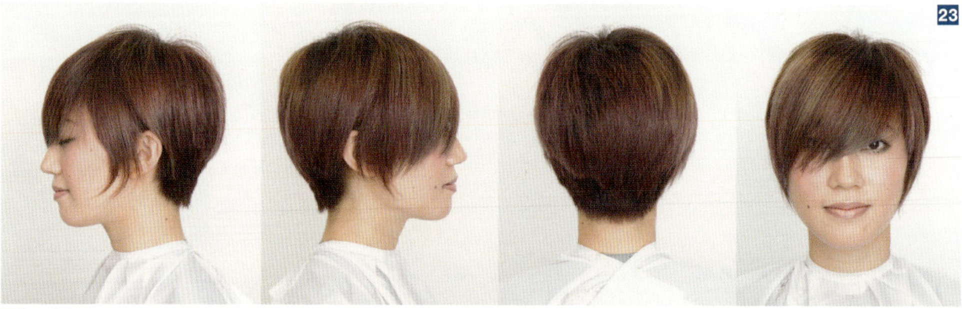

23 切り終わり。

HIGH LAYER SHAGGY SHORT 5

ハイレイヤーで構成するシャギースタイル

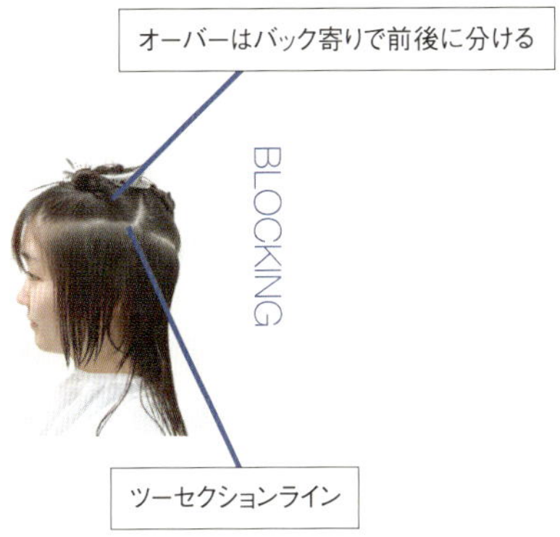

BEFORE

CUT PROCESS

アンダーセクション

1 左サイドのアンダーは、ツーセクションラインと平行にスライスをとり、パネルを引き上げてレイヤーカット。

2 2線目以降、1線目と平行にスライスをとり、**1** と同じ位置にパネルを引き上げてレイヤーカット。生え際まで同様に切り進めた後、左バックサイド～バックへとレイヤーをつなげる。

3 左バックも同様に、ツーセクションラインと平行にスライスをとり、レイヤーカット。生え際に向けて徐々にリフトアップし、ハイレイヤーに。

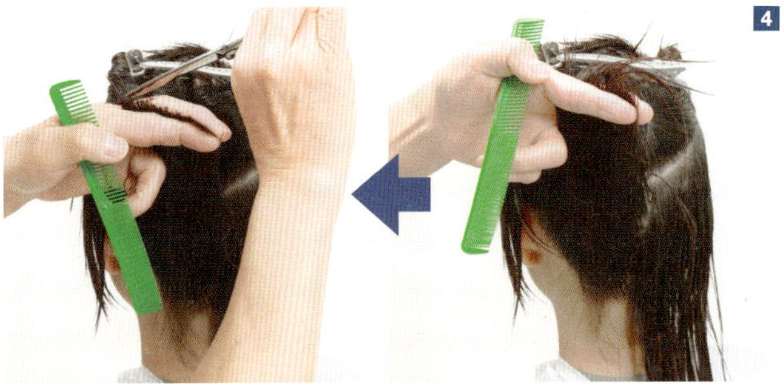

4 生え際のパネルのみ、リフトアップをやや控えめにし、アウトラインの厚みを削りすぎないようにする。

5 左バックのアウトラインまで切り終えた状態。

6 右サイドのアンダーも、**1** ～**2** と同様にレイヤーカット。

7 右バックサイド～バックへと、リフトアップして切り進める。生え際のパネルのみ、**4** と同様にリフトアップの角度をゆるめる。

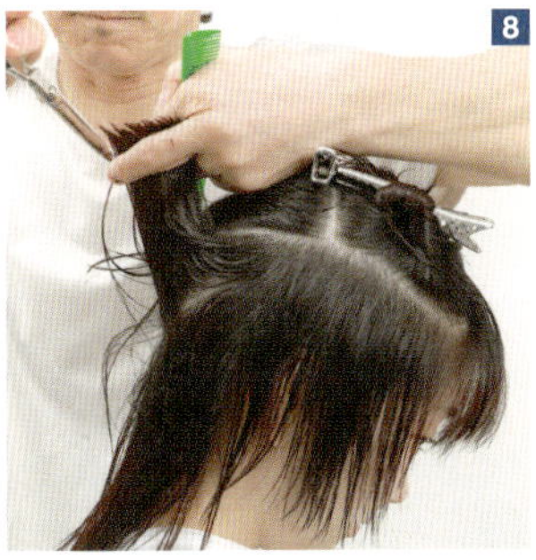

8 右バックからV字状にスライスをとり、チョップカットでチェック。左バックも同様にチェックカット。

9 アンダーのサイドを生え際から合わせ持ち、パネルを引き上げてチェックカット。チョップカットでアウトラインの切り口をやわらかくする。左右同様に。

10

10 バックのアウトラインをラウンド状に整えた後、サイドの耳前を前上がりにカットする。左右同様に。

オーバーセクション

11

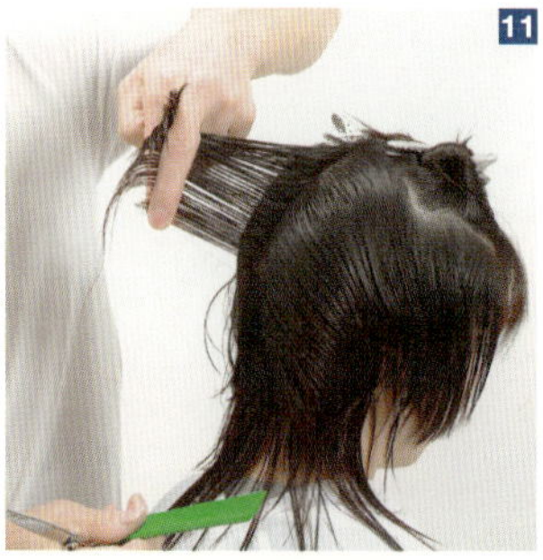

11 オーバーセクションは、アンダーとつなげずにカット。まず、つむじより後ろのバックセンターに縦スライスをとり、ぼんのくぼ付近に落ちる長さからグラデーションにカット。

12

12 つむじを中心に放射状にスライスをとり、バックトップにグラデーションをつなげる。フロント側は左右に分け、つむじまわりからの延長で、スクエアに段をつなげる。

13

13 正中線沿いに真上にパネルを引き出し、レイヤーでカドを削る。

14

14 フロントに斜めスライスをとり、チェックカット。

15

15 前髪は、チョップカットで毛先をジグザグにする。

ドライカット

16

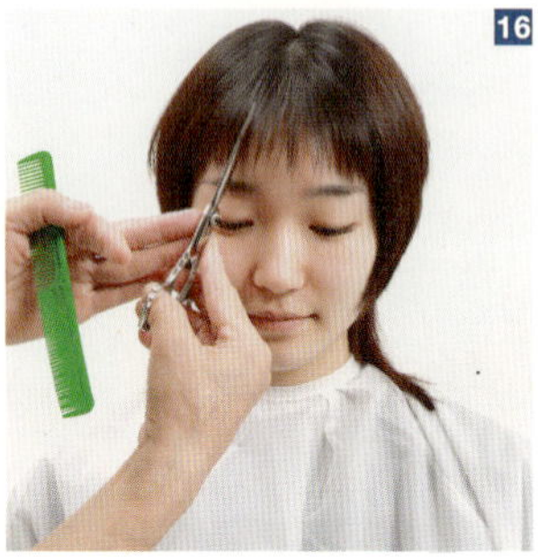

16 ドライ後、前髪に深めのチョップカットを施し、すき間をつくる。

17

17 バックのアウトラインにチョップカットを施し、毛先をイレギュラーにする。

18

18 バックトップ〜トップにもチョップカットを施し、毛先の重さをとる。

19

19 サイド内側の髪の根元をシザーズで間引き、軽くする。

20

20 顔まわりの重さがとれ、サイドに動きが出やすくなった。

21

21 サイドの表面の中間付近にセニングカットを施し、量感を調整。

22

22 切り終わり。

LOOK BOOK P38

SHORT BOB DISCONNECTION 6

バックが短く、サイドをディスコネしたショートボブ

BLOCKING

BEFORE

CUT PROCESS

アンダーセクション

1 右サイドのアンダーは、ツーセクションラインと平行にスライスをとり、指1本分の長さでカット。2線目以降、1線目と平行にスライスをとり、生え際まで切り進める。

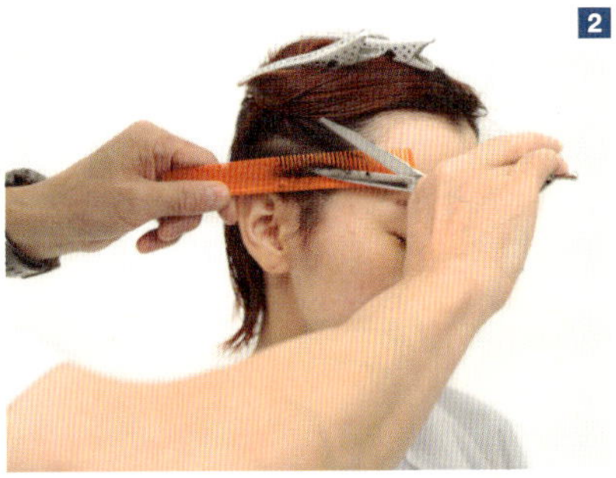

2 もみあげ～耳まわりは、シザーズオーバーコームでタイトに締める。

3 もみあげ～耳まわり生え際のラインを整える。

4 左サイドのアンダーも、1～3と同様にカットする。

5 バックのアンダーは、正中線上をレイヤーカットし、ガイドをつくる。生え際から縦スライスをとり、下側は指1本分にカット。上側はパネルをやや引き上げ、下側のレイヤーとつなげる。

6 5をガイドに、右バックへとレイヤーをつなげる。

7 6と同様に、耳後ろまでレイヤーをつなげる。

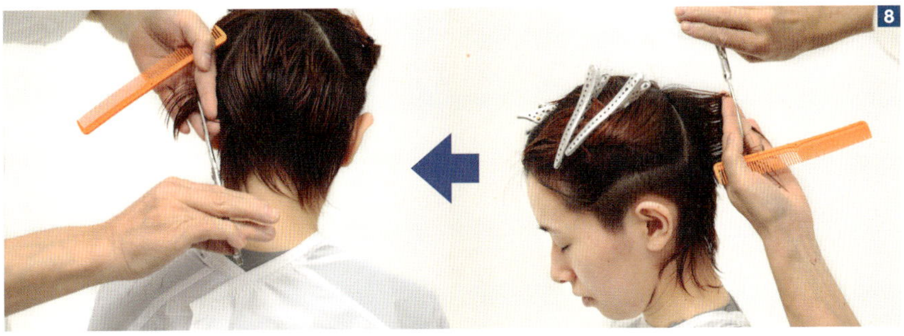

8 左バック～左バックサイドも、右側と同様にカットする。

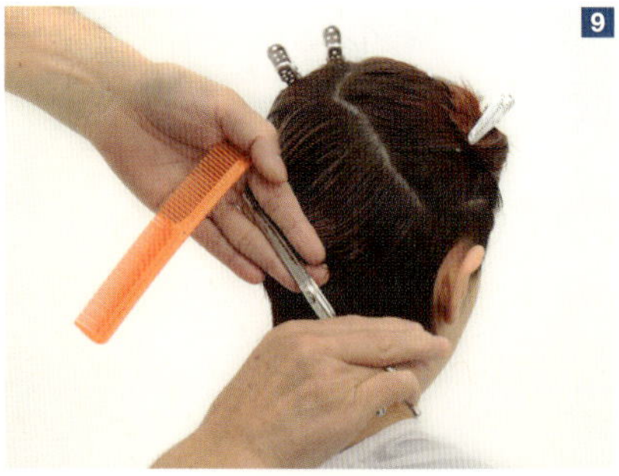

9 クロスチェック。斜めスライスをとり、後方にパネルを引き出してカドをとる。

10 耳後ろの生え際を刈り上げ、バックと耳まわりをなじませる。

11 アンダーセクションの切り終わり。

オーバーセクション

12 つむじ付近のツーセクションライン際に縦スライスをとり、アンダーの切り口をガイドにレイヤーカット。ここはアンダーとつなげる。

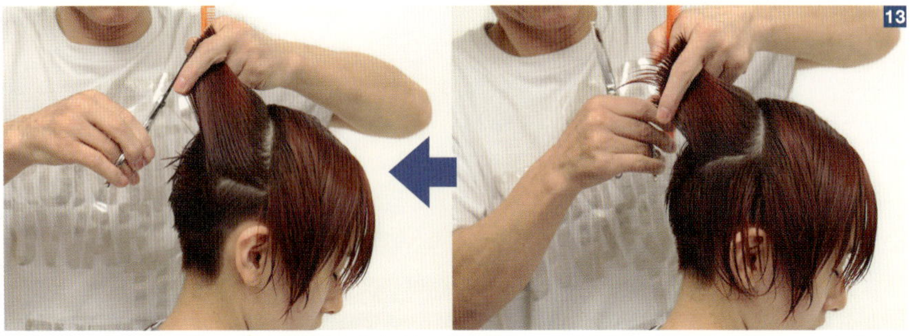

13 右バック〜イヤーツーイヤーへと、放射状にスライスをとって切り進める。すべて13の位置にパネルを集め、ハイレイヤーに。左側も同様にカット。

14 毛先の落ちる位置を確認（ぼんのくぼ下）しつつ、12〜13でカットした部分をチェックカット。

15 つむじよりフロント側は、正中線上に縦スライスをとり、後方にパネルを引き出してレイヤーカット。ガイドをつくる。

16 15をガイドに、右フロント〜右サイドへと切り進める。真上にパネルを引き上げ、レイヤーをつなげる。

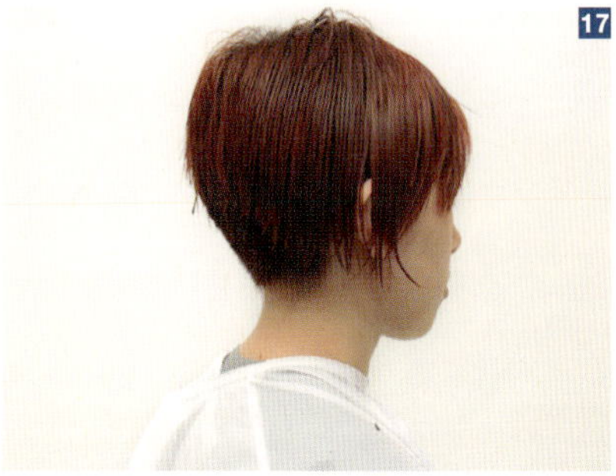

17 アンダーとオーバーはバックセンターでのみつなげているが、バックサイド〜サイドはオーバーに長さを残し、アンダーとディスコネ。

18 左フロント〜左サイドも、16と同様にカットする。

19 髪を自然に落ちる位置にとかしおろし、サイドのアウトラインをやや前上がりに整えていく。

20 まずサイドの耳前のパネルを若干前方に引き出し、アウトラインをカット。レングスは、耳の半分が隠れる程度を目安に。

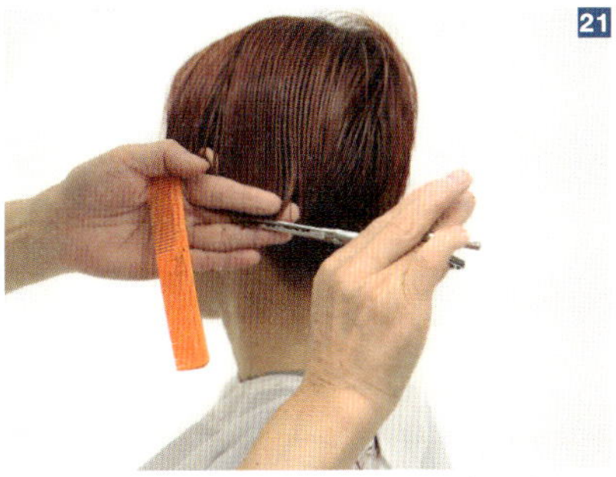

21 20 で切ったアウトラインを少しリフトアップして引き出し、19 で入れたレイヤーとのカドをとる。

22 逆サイドも、20 ～21 と同様にカットする。

23 前髪はセンターからカット。サイドとのバランスを見ながら、眉上の水平ラインに短くカットする。

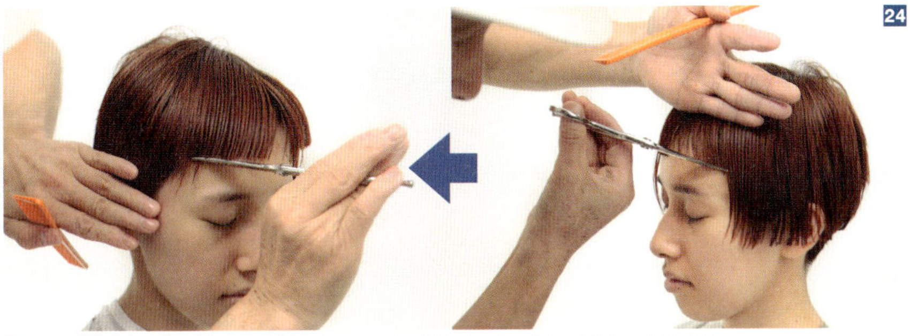

24 前髪は、サイドとディスコネ。ほぼ直角になるように切り込んで、インパクトのあるショートバングに。

ドライカット

25 バックサイド～サイドのアウトラインなど、ディスコネした部分のアウトラインにチョップカットを施し、切り口をやわらかくする。

26 ハチまわりにはチョップカットを多めに施し、しっかり重さをとる。

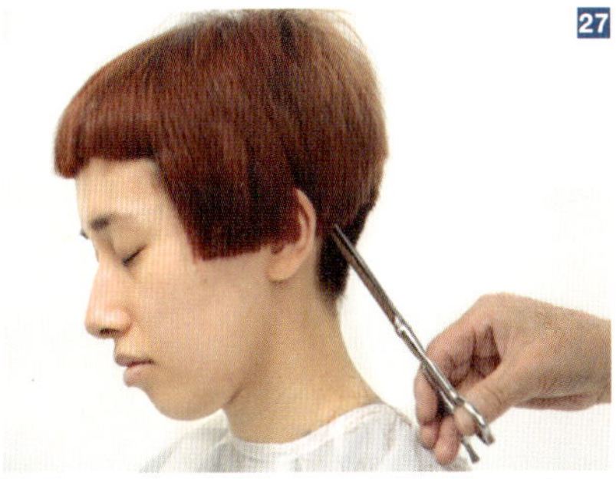

27 耳後ろには毛先から縦にシザーズを入れ、タイトに締める。

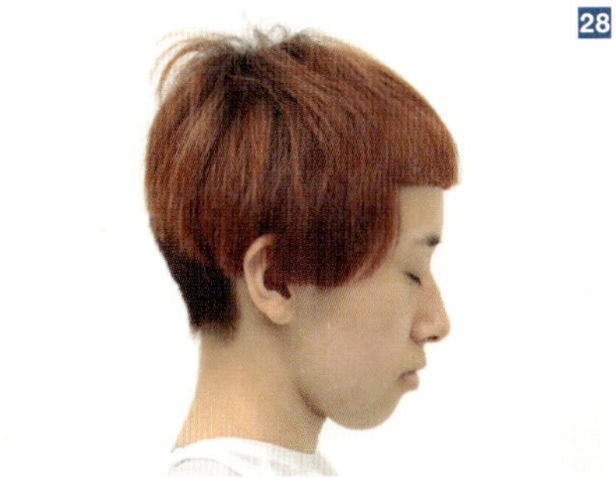

28 切り終わり。

LOOK BOOK P6

7 SHORT BOB MORE DISCONNECTED

6からさらにサイドを短くした、ミニマムなショートボブ

BEFORE

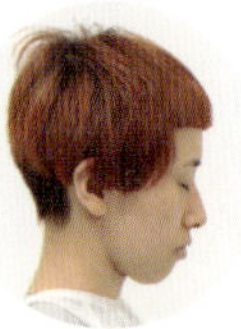

CUT PROCESS

ウエットカット

1 こめかみ付近の高さでサイドを上下に分け、もみあげの長さを目安にブラントカット。フリーハンドで、顔まわりからカットする。

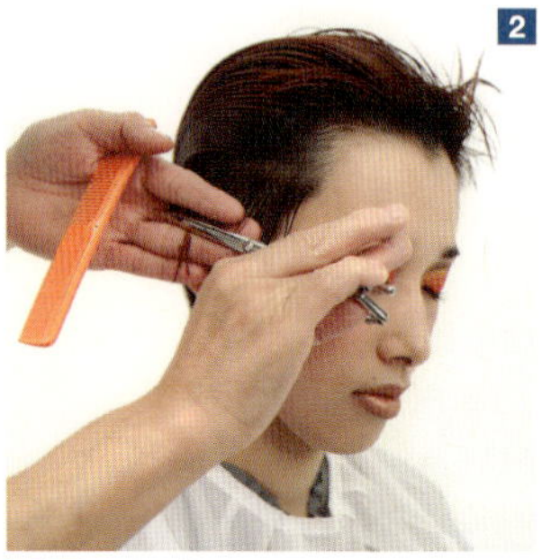

2 **1**の延長線上で、アウトラインを水平にカット。

3 耳後ろまで同様にカットする。

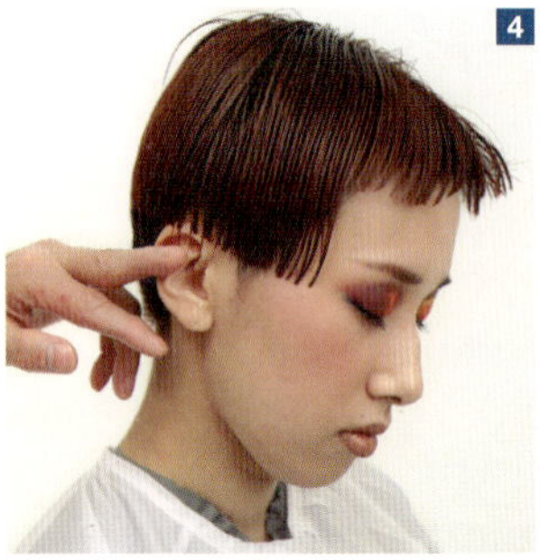

4 右サイドのアウトラインをカットし終えた状態。逆サイドでも、**1**〜**3**と同様にカットする。

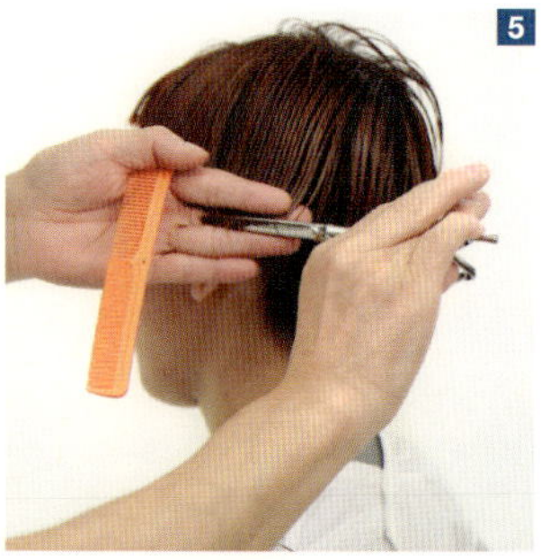

5 耳後ろ〜バックセンターにかけて、後ろ下がりのラインに切る。

6 サイドのパネルをまっすぐおろし、アウトラインを整える。

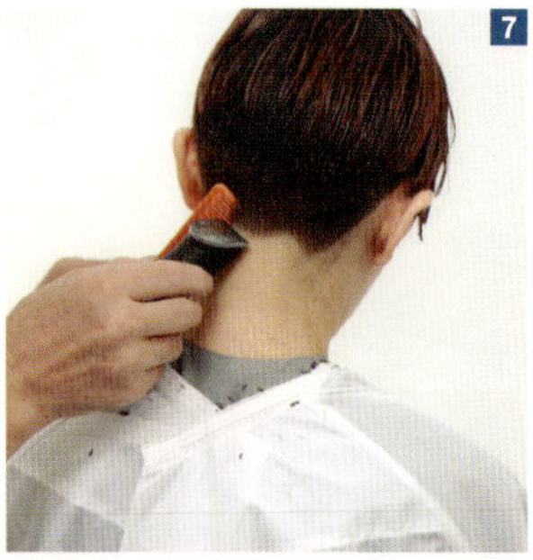

7 アンダーの生え際を、クリッパーでタイトに整える。前ページのスタイルより、さらにコンパクトなデザインに。

ドライカット

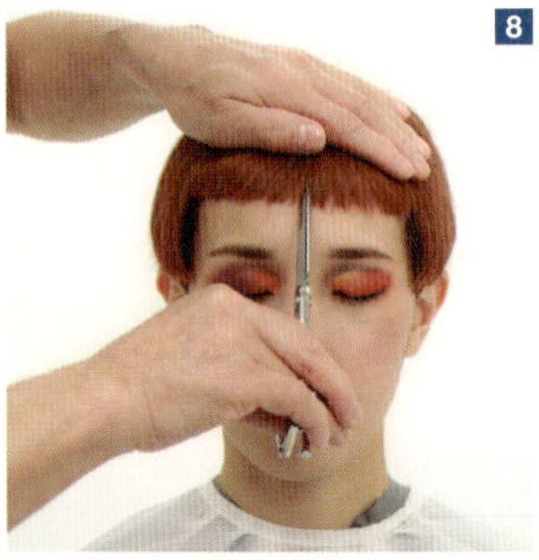

8 ドライ後、前髪に縦にシザーズを入れ、すき間をつくってラフな仕上がりに。

9 サイドのアウトラインにチョップカットを施す。耳後ろはパネルをおろした状態、耳前はややパネルを上げてカットし、顔まわりがより軽くなるように。

10 バック側からシザーズを斜めに入れ、アウトラインの厚みを整える。

LOOK BOOK P14

MIX STYLE BASED ON BOX BOB

8

ボックスボブをベースに、アンダーを短くカットしたスタイル

BLOCKING

BEFORE

CUT PROCESS

アンダーセクション

1 左サイドのアンダーセクションは、ツーセクションラインと平行にスライスをとり、指1本分の長さでカット。

2 2線目以降、1線目と平行にスライスをとり、生え際まで切り進める。左手の中指は頭皮につけた状態をキープ。

3 クロスチェック後、左バックサイド～バックも**1**と同様、ツーセクションラインのすぐ下からパネルをとり、**1**と同様にカットする。いずれも1線目はツーセクションラインと平行にスライスをとる。

4 **2**と同様、生え際側へと切り進める。2線目以降は、生え際に進むにつれて徐々に斜めスライスへ移行する。

5 バックセンターでは、右バックへ少しオーバーラップさせるように斜めスライスをとり、チェックカット。その後、右サイド～バックにかけても、**1**～**5**と同様にカットする。

6 シザーズオーバーコームで、顔まわりのツーセクションライン際からカット。その後、バックに向けて徐々に長くなるように、ツーセクションライン際を刈り上げる。

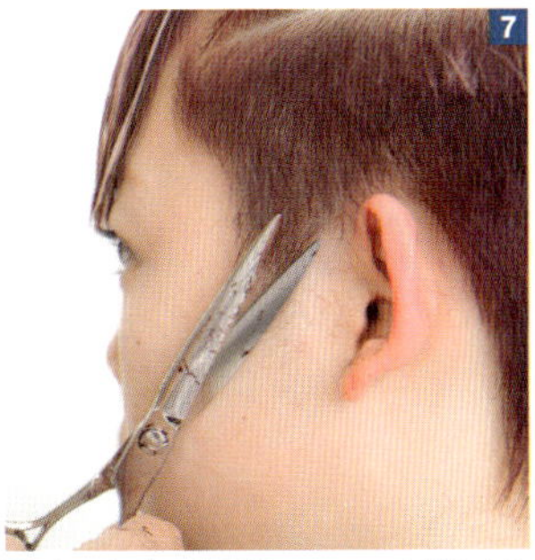

7 もみあげの生え際は、フロント側からシザーズを入れ、毛先をきれいに整える。

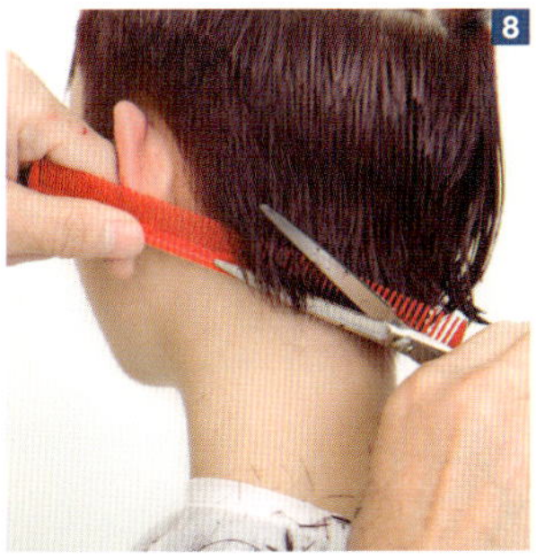

8 左バックサイドを、**6**で長さを決めたツーセクションラインに向かって、生え際から刈り上げる。右サイド～バックも、**6**～**8**と同様に刈り上げる。

9 アンダーセクションの切り終わり。先にツーセクションライン際の長さを決めてから刈り上げることで、カドが残りにくくなる。

オーバーセクション

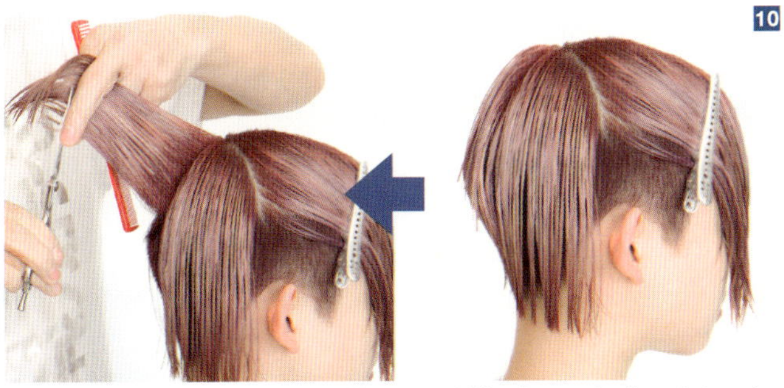

10 オーバーセクションは、つむじと耳上を結ぶラインで前後に分ける。その後、バックセンターに縦スライスをとり、オンベースに引き出してグラデーションカット。バックのアウトラインを決める。

11 **10** の右隣のパネルは後方に引き出し、**10** をガイドにグラをつなげる。逆サイドも**10**～**11** と同様にカットする。

12 **10** ～**11** でカットした部分を、横～斜めスライスでクロスチェック。

13 フロント側の髪をおろし、**10** のブロッキングライン際からオンベースにパネルを引き出して、バックに入れたグラの延長線上でつなげる。

14 さらにフロント側を後方かつ正中線上にオーバーダイレクションをかけ、グラデーションをつなげる。逆サイドでも、**13** ～**14** と同様にカットする。

15 サイド～バックにかけて、グラデーションを入れた状態。

16 サイドに落ちる、ツーセクションライン際の髪を真下にとかし、耳後ろの長さから若干前下がりにアウトラインを切る。

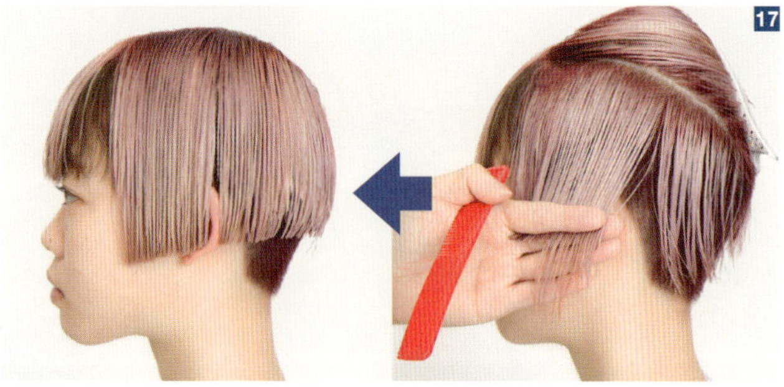

17 **16** をガイドに、サイド～バックのアウトラインを整える。逆サイドのアウトラインも、**16** ～**17** と同様にカットする。

ドライカット

18 前髪は生え際と表面に分け、生え際からカット。フリーハンドでシザーズを入れ、水平ラインにカット。

19 表面の髪をおろし、**18** をガイドにカット。クセがある髪質には、**18** ～**19** のようにパネルを持たずに切るとクセに左右されず、きれいなラインをつくりやすい。

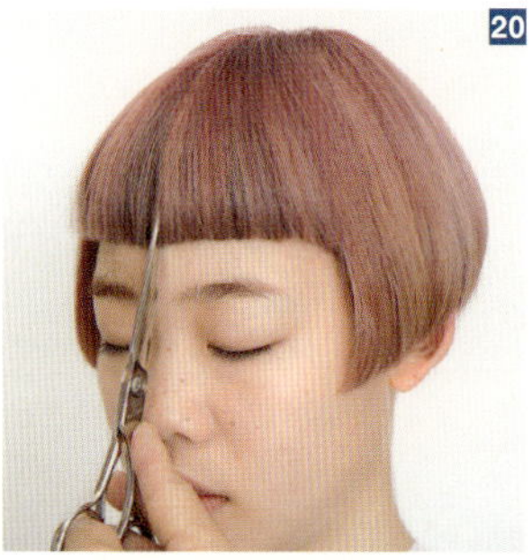

20 ドライ後、前髪の毛先側からシザーズを縦に入れ、ラインの表情をやわらかく。

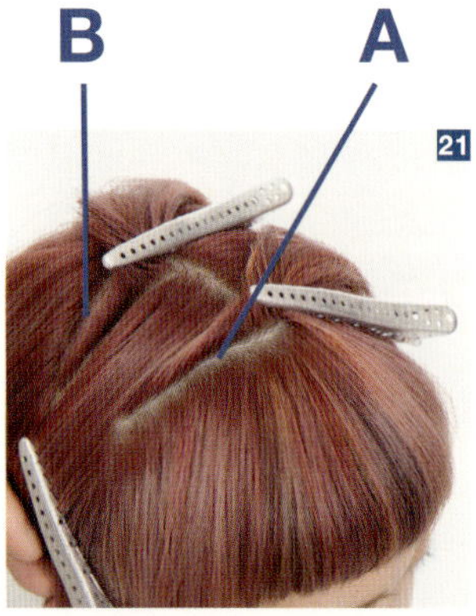

21 トップを前後3つに分け、フロント側（A）とバック側（B）にレイヤーを入れていく。

22 まず右トップのフロント側を真上に引き出し、表面のカドをレイヤーで削る。その後、バック側も同様にレイヤーカット。

23 **22** で右トップ表面の2ヵ所にレイヤーを入れたことで、動きが出やすくなった。

24 左トップにも、**22** ～**23** と同様にレイヤーを入れる。

LOOK BOOK P8

TWO SECTION BOB
SIDE PART
サイドパートのボブスタイル

9

BEFORE

BLOCKING

CUT PROCESS

アンダーセクション

1

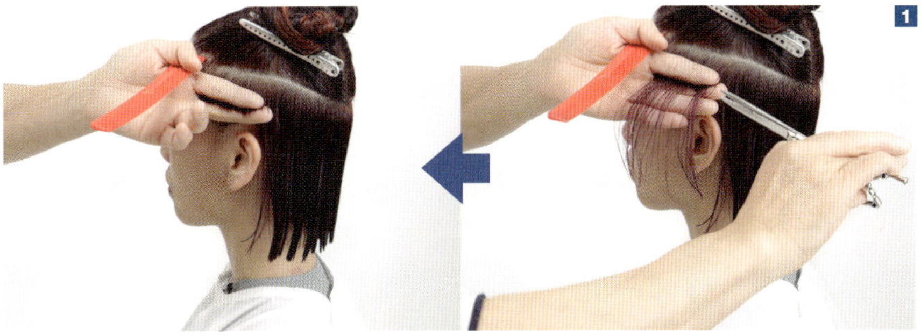

1 左サイドのアンダーセクションは、ツーセクションラインと平行にスライスをとり、パネルをややリフトアップしてグラデーションカット。

2

2 **1** と同様に、左バックサイド～バックセンターまでのツーセクション際をカット。**1** のグラとつなげる。

3

3 左バックの生え際と、**2** でカットしたパネルと合わせ持ち、ツーセクションラインと平行にカット。バックセンターに向けて長さを残す。

4

4 左サイドの生え際～ツーセクションライン際までを、シザーズオーバーコームでカットする。

5

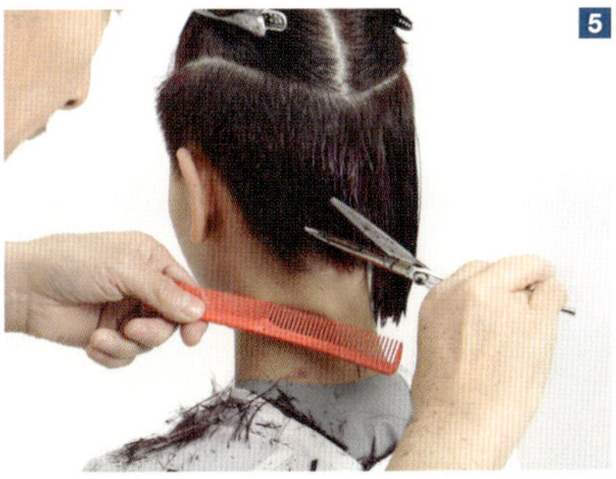

5 左バックサイド～バックにかけての生え際も同様に、シザーズオーバーコームでカットする。

6

6 耳後ろの生え際は斜めにシザーズを入れ、毛先を整える。

7

7 右サイド～バックも **1** ～ **6** と同様に、ツーセクションライン際の長さを決めてから、シザーズオーバーコームでさらに生え際の毛先を整える。

8

8 アンダーセクションの切り終わり。

オーバーセクション

9 オーバーセクションのブロッキングをほどき、コーミングして自然にとかしおろす。

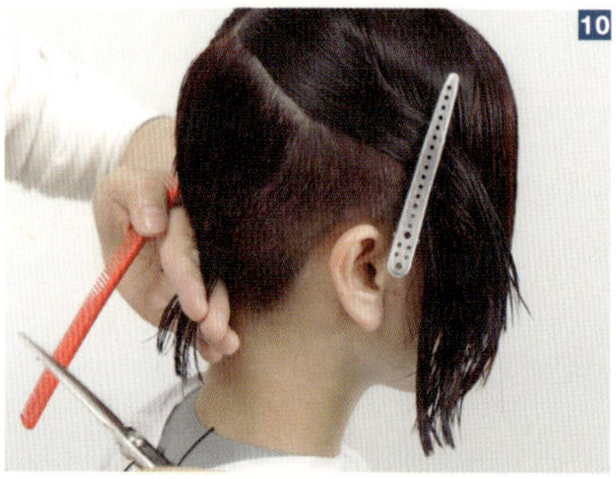

10 ゴールデンポイント付近からツーセクションライン際に向けてハの字スライスをとり、長さをあごラインの延長線上に設定してワンレングスにカット。

11 10 をガイドに左右のアウトラインをカット後、バックの表面までワンレングスに切り進める。

12 トップポイントと耳上を結ぶイヤーツーイヤーまで、同様にワンレングスでつなげる。左バックも同様にカットし、バックのアウトラインをつくる。

13 左サイドのオーバーは、バックのアウトラインの延長上で前下がりに、ワンレングスにカットする。

14 表面のパネルは、ややリフトアップさせてグラを入れる。

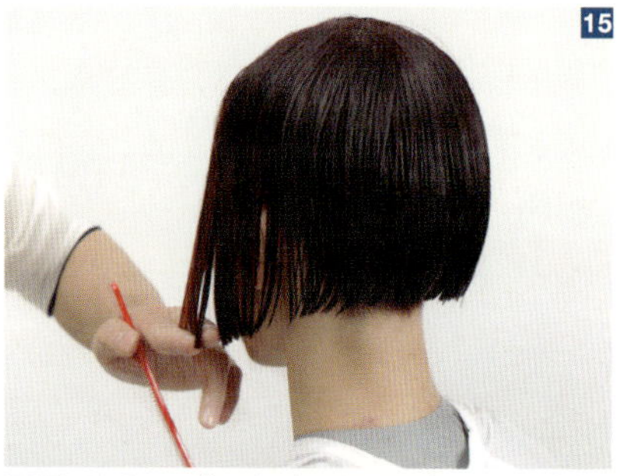

15 14でリフトアップさせたことにより、アウトラインの毛先に自然な丸みがつき、やわらかい印象に。

16 ヘビーサイドとなる右側も、表面と内側に分け、まず内側からワンレングスにカットする。

17 表面の髪をおろし、内側をガイドに、14 でカットした長さに合わせてグラを入れる。

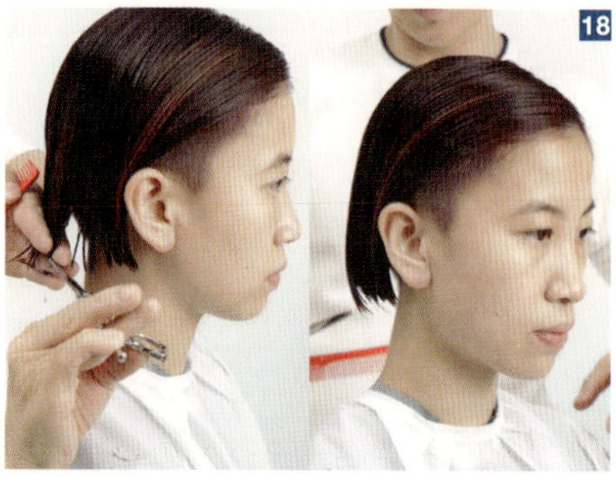

18 オーバーセクション全体をオールバックにとかし、出てくる毛をチェックカット。毛先を整える。

19 切り終わり。

LOOK BOOK P10

TWO SECTION BOB
ROUND

10

9に立体的な丸みをつけたボブスタイル

BLOCKING

ツーセクションラインの設定は、前ページのスタイルと同様（→P54）

BEFORE

CUT PROCESS

バックのオーバー

1

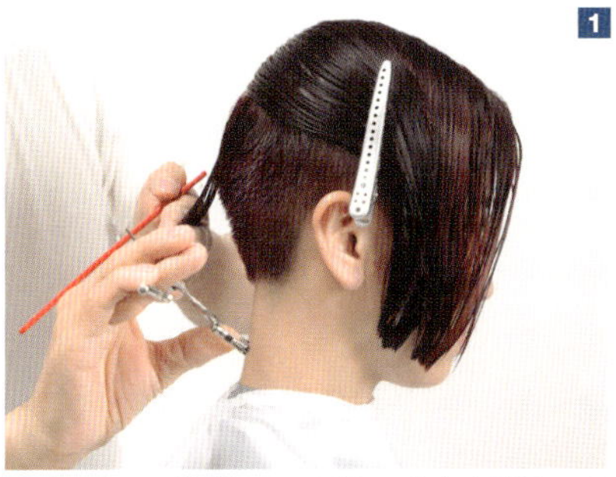

1 オーバーの1線目は、ツーセクションラインと平行にハの字スライスをとり、正中線のパネルをリフトアップしてグラデーションカット。

2

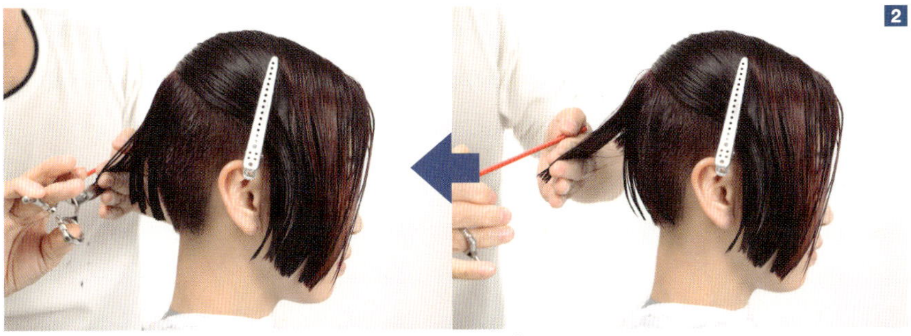

2 2線目は **1** をガイドに、さらにパネルをリフトアップさせ、グラをつなげる。

3

3 2線目以降、左右のパネルをつなげつつ、徐々にエレベーションしながら上へと切り進める。

4

4 トップポイントと耳上を結ぶイヤーツーイヤーまでをグラデーションカット。丸みのあるフォルムをつくる。

5

5 スライスの角度を変えて、グラデーションの毛先をチェック。

サイドのオーバー

6

6 左サイドのオーバーは、ツーセクションライン際にスライスをとり、バックの長さをガイドにグラデーションカット。生え際（内側）はやや顔側にパネルを引き、バック側の長さを残す。

7

7 **6** で切った内側をガイドに、表面に向かって徐々にエレベーションしながらグラをつなげる。

8

8 トップポイント付近のパネルは、ほぼオンベースにパネルを引き上げてカット。

オーバーセクション

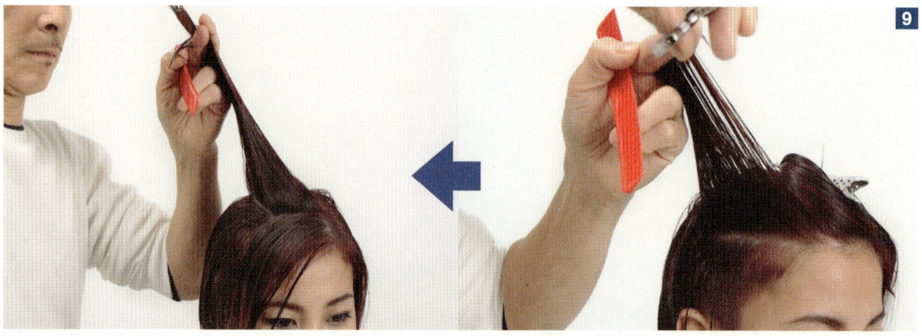

9 逆サイドも 6 ～ 7 と同様にエレベーションで切り進めるが、ヘビーサイド側はパネルをやや後方に引いてカット。顔まわりにより長さが残るようにする。

10 ライトサイド側をチェックカット。真上にパネルを引き出し、出てくるカドをとる。

11 ヘビーサイド側をクロスチェック。グラの重なりを整える。

12 オーバーセクションの切り終わり。

ドライカット

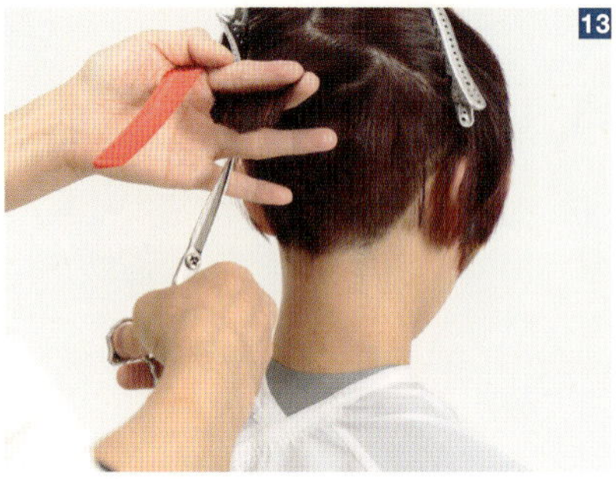

13 ドライ後、バックセンターのツーセクションライン付近をチョップカット。アウトラインにやわらかさを出す。

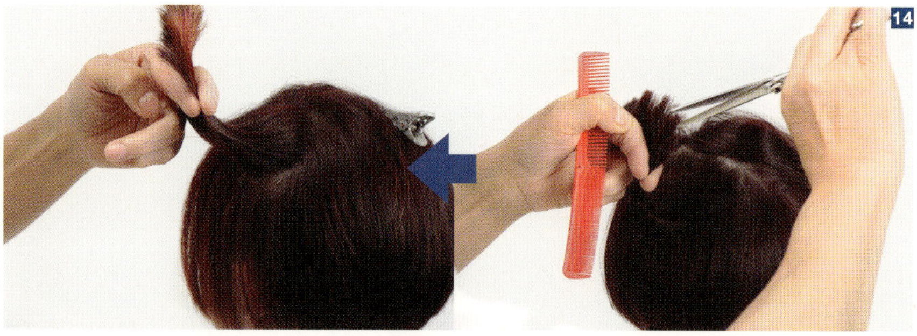

14 つむじまわりは放射状にパネルをとってチョップカットを施し、表面に動きを出す。

15 パート付近は、後方にパネルを引き出し、14 と同様にチョップカット。

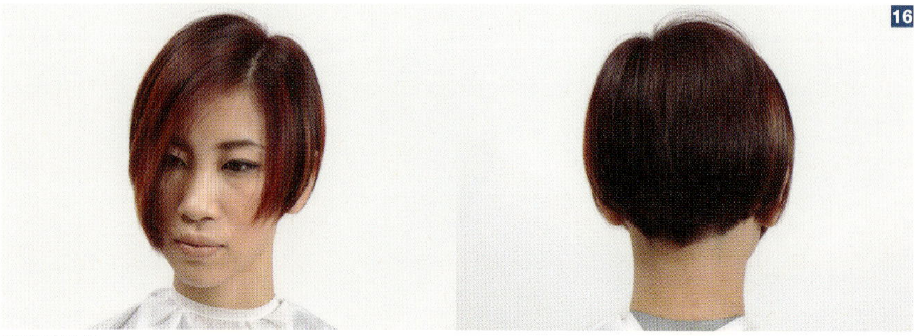

16 切り終わり。

LOOK BOOK P11

11 MEN'S SHORT STYLE

メンズのツーセクションショート

BLOCKING

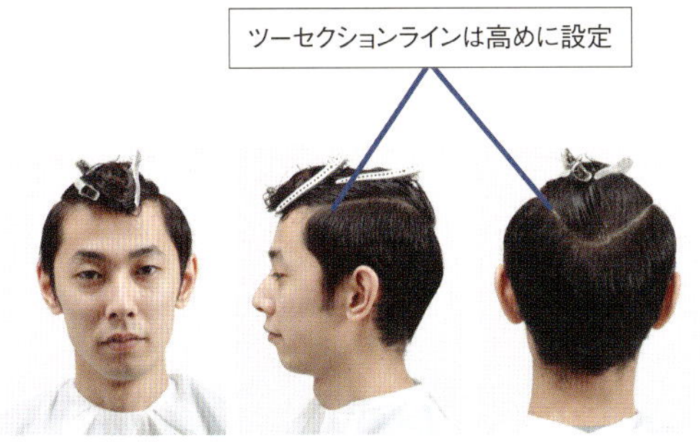

CUT PROCESS

アンダーセクション

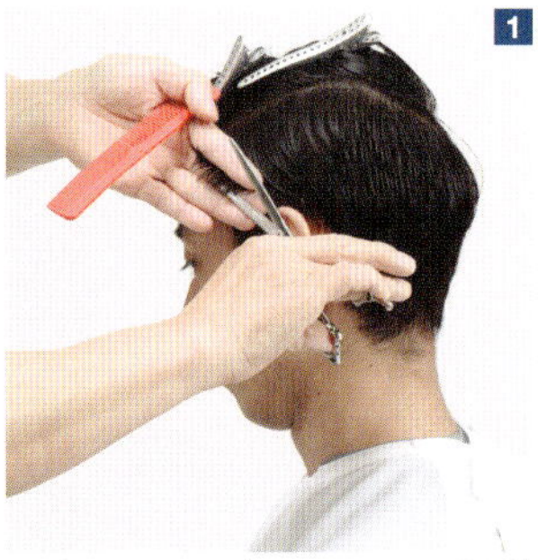

1 左サイドのアンダーセクションは、生え際と平行にスライスをとり、指1本分の長さでグラデーションカット。

2 **1**をガイドに、スライスを徐々に横にしながら、ツーセクションラインに向かって刈り上げる。

3 **1**～**2**と同様に、バックサイド～左バック～バックセンターへと切り進める。

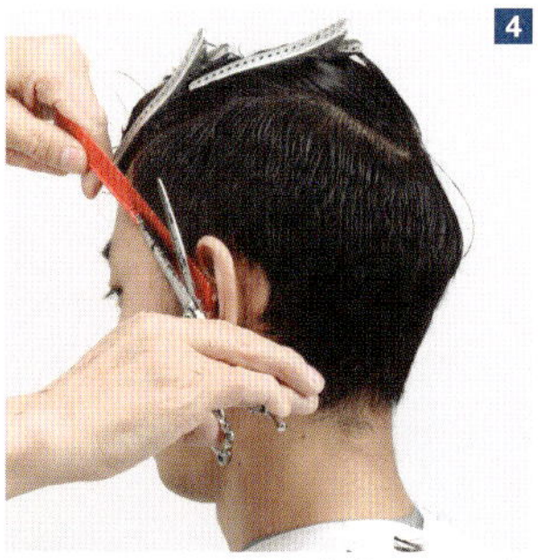

4 **1**～**3**までで刈り上げた部分を、シザーズオーバーコームでカットし、タイトにする。

5 上側はコームを浮かせ、ツーセクションラインに向けて長さを残す。

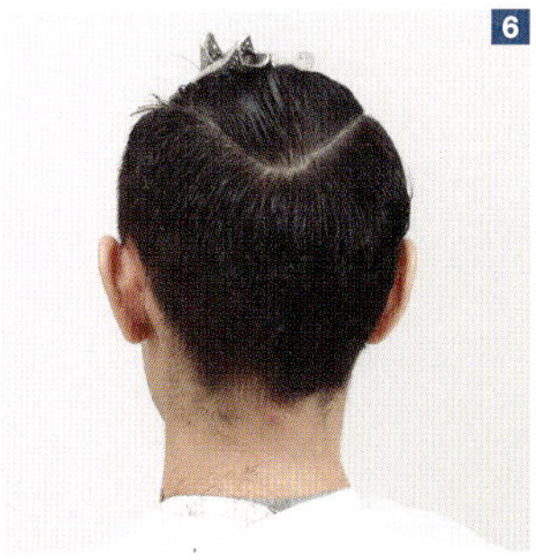

6 右サイド～右バックにかけても**1**～**4**と同様に、シザーズで刈り上げた状態。

7 シザーズで刈り上げたアンダーセクションをさらにシャープにするため、クリッパー（3ミリ）を使用。まず左サイドの生え際から整える。

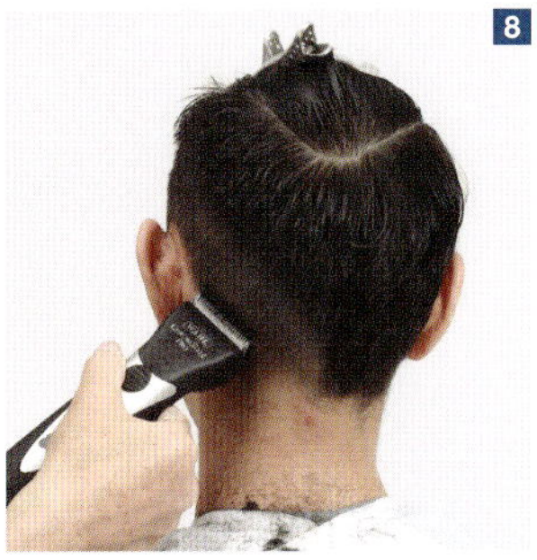

8 左バックサイド～バックはツーセクションラインと平行にクリッパーをあて、ツーセクションライン付近に長さを残す。逆側でも**7**～**8**と同様にクリッパーで整える。

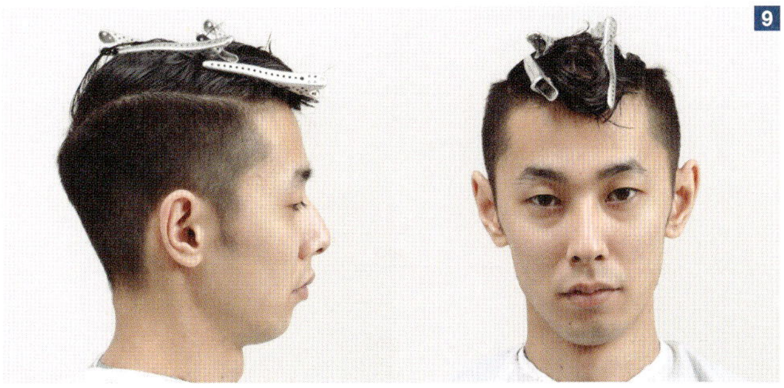

9 アンダーセクションの切り終わり。

オーバーセクション

10 フロント側のツーセクションライン付近の生え際に、ブロッキングラインと平行にシザーズを入れ、パート付近に短い毛をつくる。

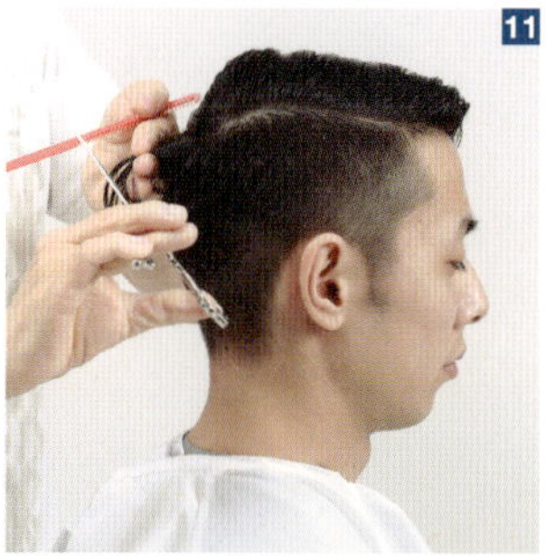

11 ツーセクションライン際のバックセンターに横スライスをとり、アンダーのグラに重ねる。

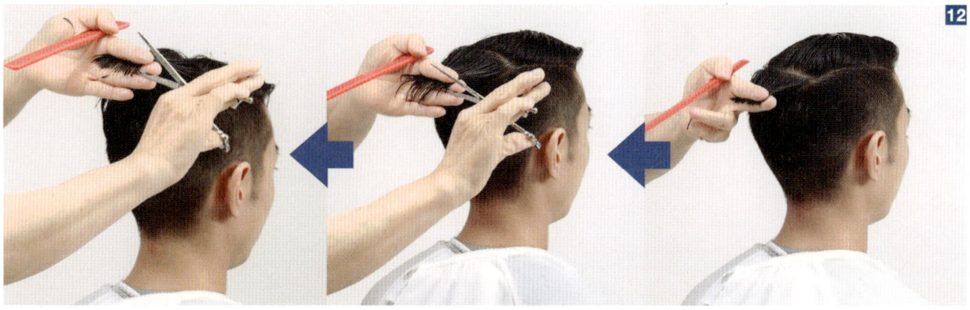

12 11をガイドに、頭頂部に向かって少しエレベーションしながら、トップポイントまで切り進める。

13 トップポイント付近は、やや後方に引き出してレイヤーを入れる。

14 13をガイドにフロントに向かってレイヤーをつなげる。生え際はやや後方にパネルを引き、フロントの長さを残す。

15 サイドのツーセクションライン際から真上にパネルを引き出し、内側のカドを削る。

16 逆サイド側のオーバーは、髪の落ち方に対して逆に斜めスライスをとり、レイヤーを入れて重さをとる。

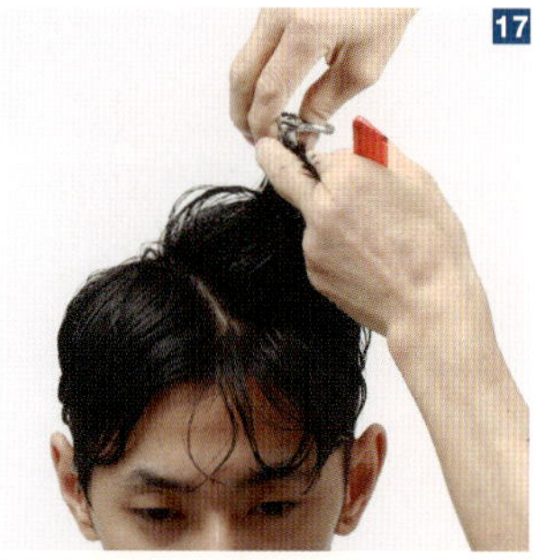

17 16と平行の斜めスライスをとりながら、フロント全体にレイヤーをつなげる。

18 顔まわりの生え際まで、16と同様に切り進める。

19 アンダーとの境目付近にセニングカットを施し、境目をなじませる。

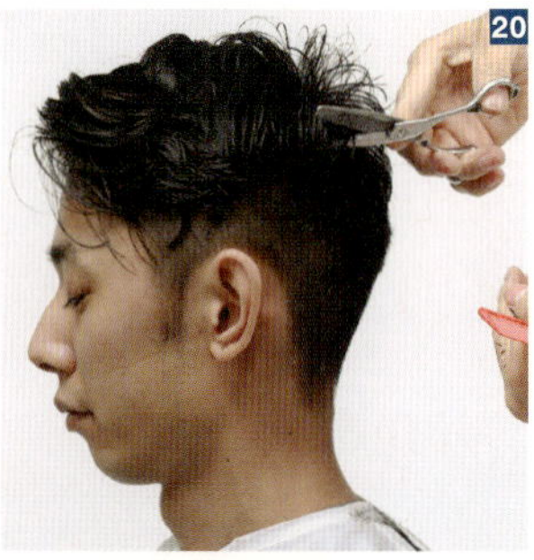

20 パーマがかかっている部分の毛先にもセニングを入れ、やわらかい動きを出す。

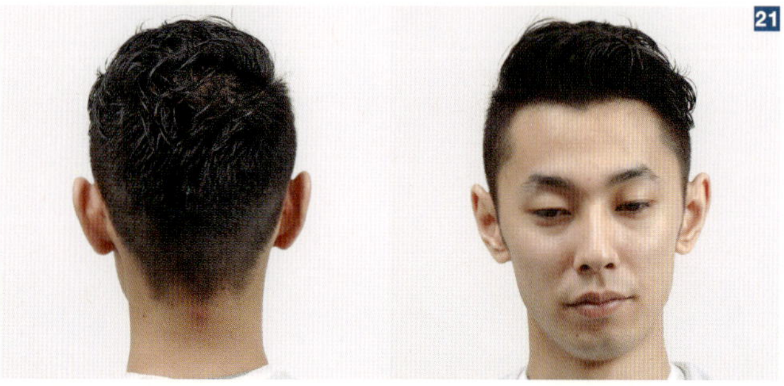

21 切り終わり。

LOOK BOOK P56 ／

Hair Styling

ツーセクションカットのための スタイリングテクニック

ツーセクションでカットしたデザインは、スタイリング次第でさまざまな動きを楽しめるのがメリットのひとつ。ここでは2つの実践例をもとに、スタイリングで〝おしゃれに動かす〟ポイントを解説します。

STYLE 1 ハイレイヤー+外ハネで ボブのフォルムが華やかに変化

ストレートアイロンで動かす

1 STYLE1ではストレートアイロンを使用。まず、前髪の毛先を内巻きにする。前髪の毛先に丸みをつけ、やわらかい印象に。

2 サイド～バックサイドの中間～毛先を逆巻き。厚みのあるアウトラインに、外ハネの動きをつける。

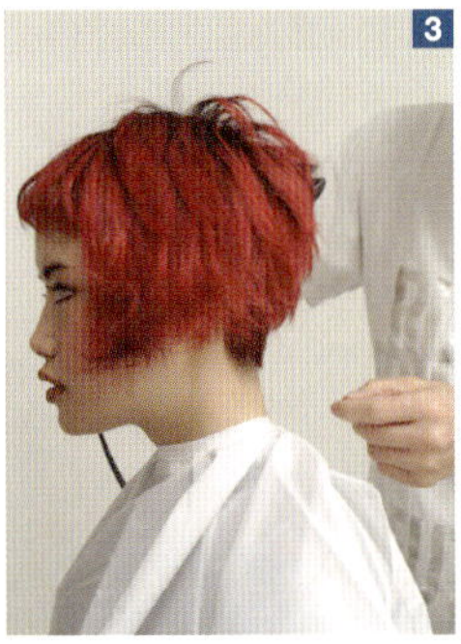

3 つむじまわりは内巻き。ハイレイヤーによりできた短い髪に、ふんわりとした立ち上がりをつける。

スタイリング剤で動かす

4 ウエットタイプのオイルワックスをサクランボ大程度手にとり、オーバーのハイレイヤー部分を動かしながら毛先に塗布する。

5 髪の内側から手を入れてもみ込み、4 のスタイリング剤をよくなじませる。

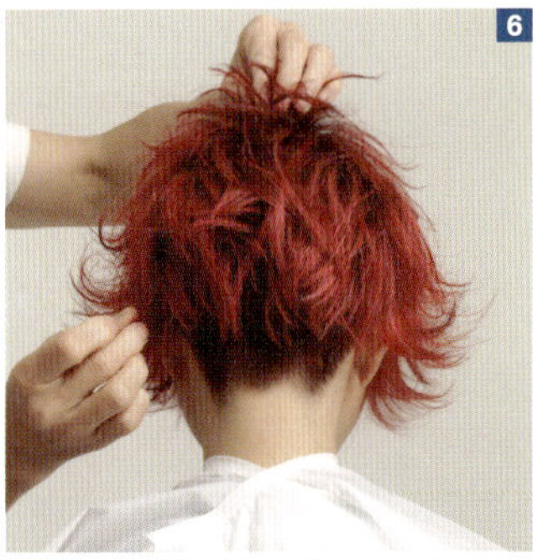

6 スタイリング剤が残った指で、トップの短い毛をつまんで動きを強調。サイドの毛先はほぐして散らす。

7 動きをつけた部分の毛先をつまむようにして、ハードスプレーでキープする。

FINISH

STYLE 2

長短差のあるウルフレイヤーをリーゼント風にスタイリング

カールアイロンで動かす

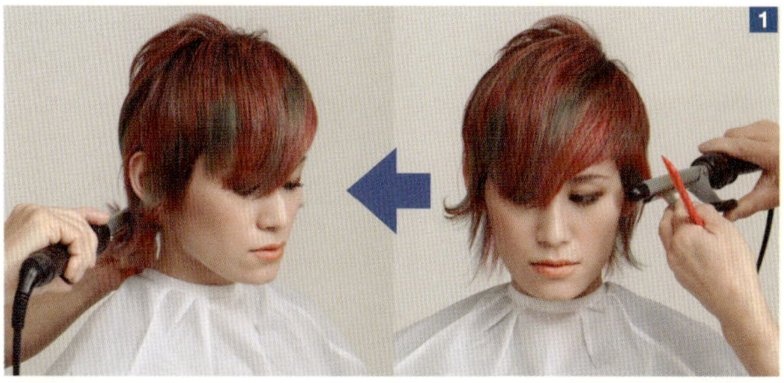

1 STYLE2では19ミリのカールアイロンを使用。まず、サイドと衿足の毛先を逆巻きに。アンダーの毛先にハネ感をつくる。

2 フロント〜トップは縦スライスをとりながら、根元を立ち上げるように巻く。巻く方向はすべて同じにする。

3 バックトップはややステムを上げて巻き、フォルムに奥行きを出す。

4 リーゼント風のフォルムになるよう、オーバーのバックサイドは縦巻きにする。

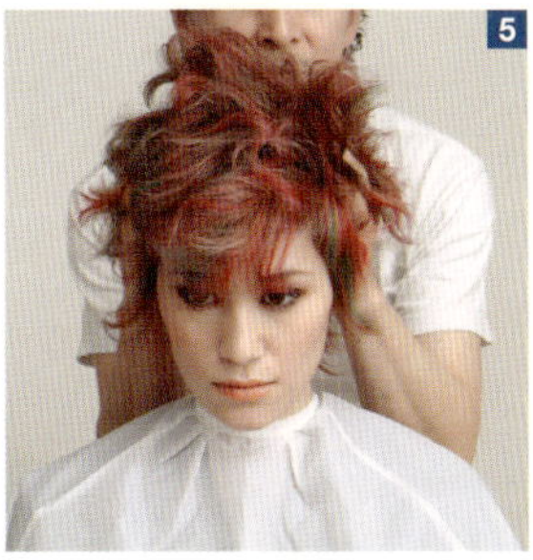

5 カールアイロンで巻き終えたら、髪の内側から両手を入れ、ほぐすようにしてくずす。

スタイリング剤で動かす

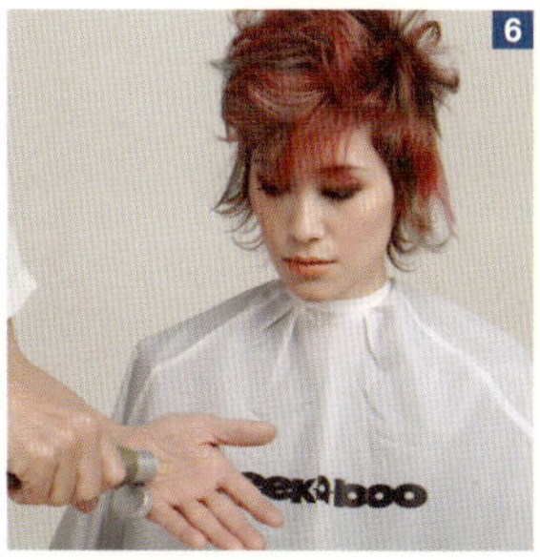

6 STYLE1と同じオイルワックスをサクランボ大程度手にとり、全体につけていく。

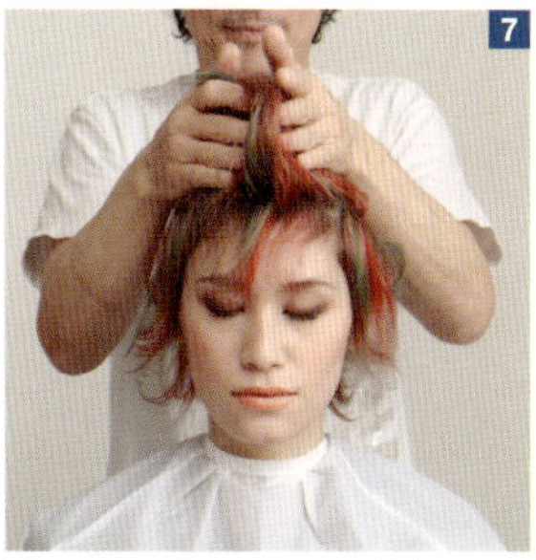

7 リーゼント風のフォルムを意識し、フロント〜トップの髪を立ち上げた状態で、6のスタイリング剤を塗布。

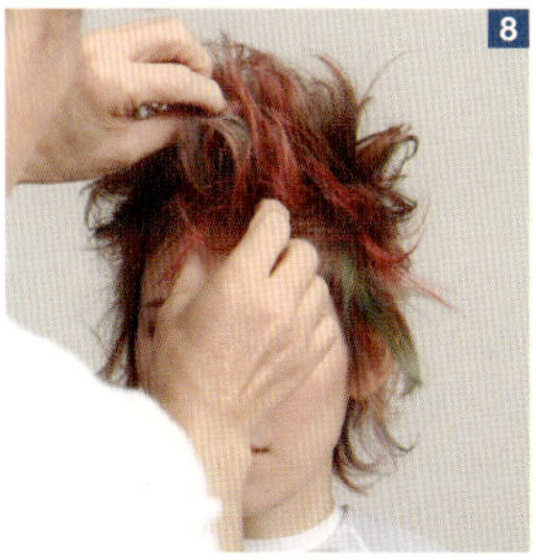

8 オーバーセクションの毛先をつまんでさまざまな方向に散らし、ランダムな動きを出す。

9 もみあげ付近は、指先でおさえつけるようにしてタイトに締める。

10 モヒカンライン沿いの毛先をつまんで引き出し、最も高さが出るよう調整する。

FINISH

Review

ツーセクションカットで

洗練度を高める3つのポイント

これまでに紹介した技術のおさらいを兼ねて、ツーセクションでカットしたスタイルを洗練されたデザインに導くためのポイントを整理しましょう。

POINT 1 つなげる?orつなげない? ディスコネの設定

アンダーとオーバーをディスコネ

本書に登場するヘアスタイルはすべて、必ずどこかをディスコネしたデザインで構成されている。ディスコネの設定次第で、仕上がりの印象は大きく変わる。どこがつながっていて、どこがディスコネされているのか——この視点で再度、これまでに出てきたスタイルを見てみよう。

[→TECHNIQUE_P55]

部分的につなげる

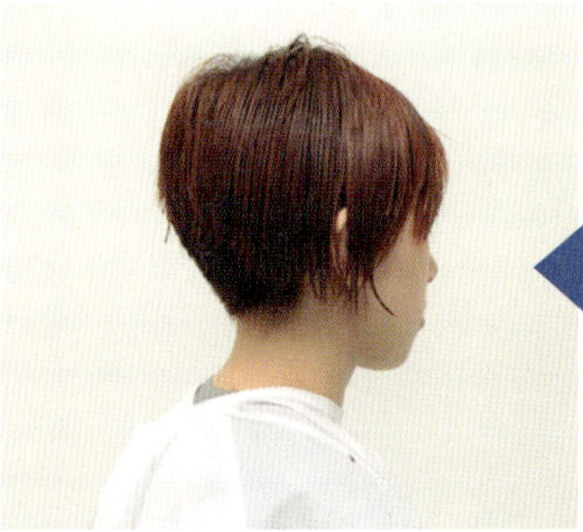

[→TECHNIQUE_P49]

バックサイド〜サイドはディスコネ

バックセンターのみつなげる

バックサイド〜サイドはディスコネ

動きが出やすい状態に

[→TECHNIQUE_P53]

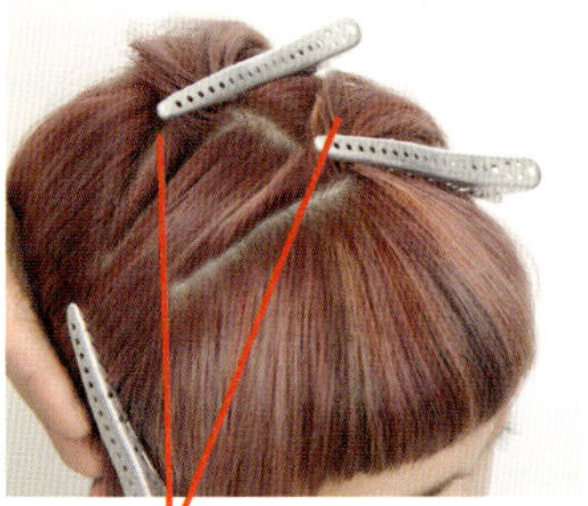

2ヵ所にレイヤーを入れる

POINT 2 アンダーとオーバー境目の切り口となじませ方

アンダーとオーバーをディスコネしているスタイルでは、その境目をどう処理するかがデザインの方向性を左右する。軽くする、ぼかしてなじませる、切り口をやわらかくするなど、本書で使われてきたさまざまなテクニックを復習しよう。

間引いてなじませる

[→TECHNIQUE_P43]

チョップカットで毛先を軽くする

[→TECHNIQUE_P35]

耳後ろはタイトに締める

[→TECHNIQUE_P50]

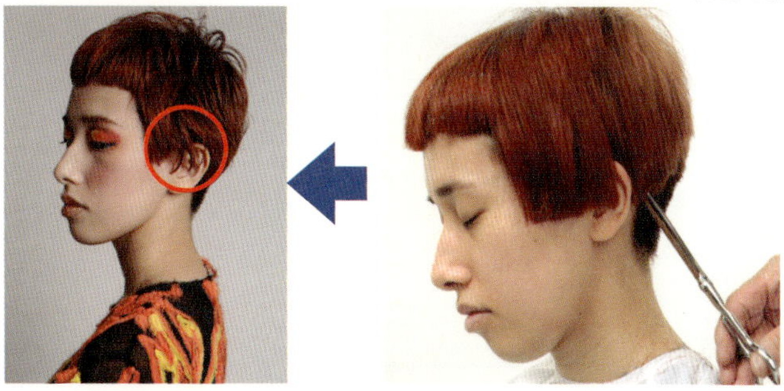

セニングカットでぼかす

[→TECHNIQUE_P59]

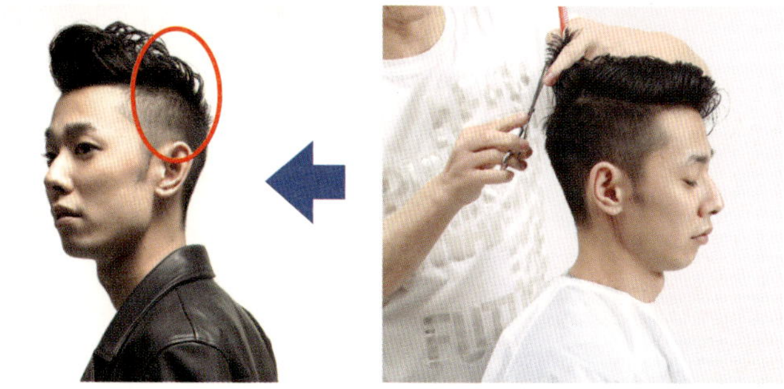

POINT 3 メリハリで魅せる対比的なデザイン構成

アンダーとオーバーを対照的なデザインで構成するのは、ツーセクションカットの醍醐味であり、デザイン性を高めるのに有効な手法だ。ピンポイントで大胆な変化をつけたら、そのぶんどこかにコンパクトな部分をつくるなど、メリハリのきいたデザイン設計ができるようにトレーニングを重ねよう。

アシンメトリーなレイヤー構成で表情豊かに

[→TECHNIQUE_P14]

さまざまなデザイン要素を組み合わせて変化を

[→TECHNIQUE_P47]

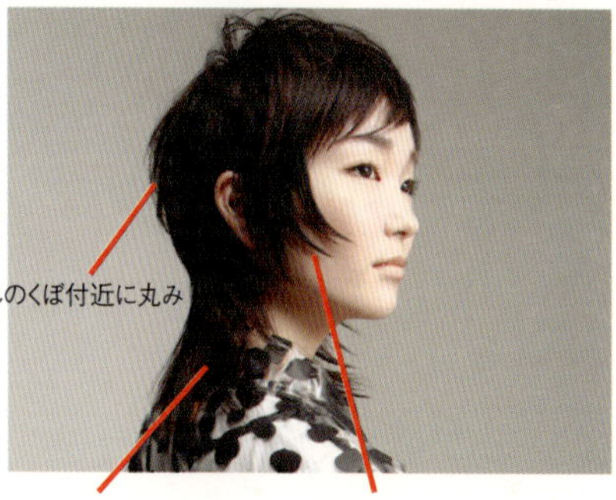

長短をつけたジオメトリックなフォルム

[→TECHNIQUE_P41]

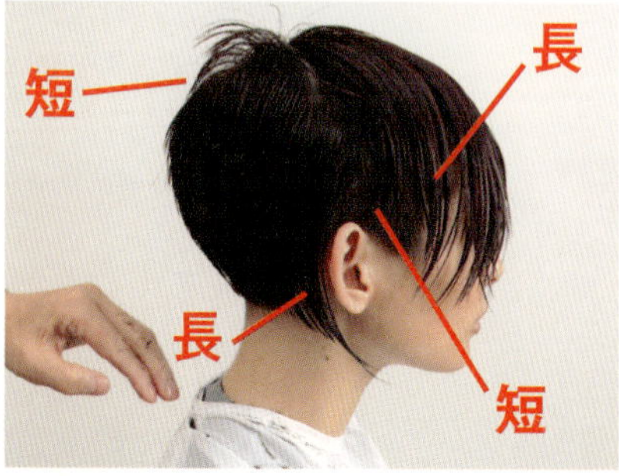

Message

『クリエイションとサロンワークをつなぐツーセクションカット』をお読みいただき、ありがとうございました。

全編ツーセクションカットからなる本書を制作するにあたり、あらためて感じたのはベーシックの大切さです。掲載スタイルはすべて、どこかをディスコネしていますが、まずはつなげて切るワンレングス、グラデーション、レイヤーのフォルムバランスに立ち返りました。基本の仕組みを理解した上で、“つなげないことの利点”を整理し、デザインを組み立てていきました。

ツーセクションでカットしたデザインやディスコネの解釈は、さまざまな歴史を経て多様化しています。
1960年代、ヴィダル・サッスーンが片目を失った顧客のために考案した究極のジオメトリックスタイル（THE ASYMMETRIC GEORETRIC）は、世界中の美容師に影響を与え、現在ではディスコネの技術を組み合わせてさらに動きのあるスタイルに変化しています。
'80年代には、内側のみを刈り上げたツーブロックカットが流行し、2010年代に進化した形で再ブレイクしました。
現在では、複雑なブロッキングによるツーセクションの発展形や、ごく一部をディスコネしたデザインなど、その可能性はますます広がりを見せています。
ツーセクションやディスコネの概念がこれだけ日本中に浸透したのは、おしゃれ感が増すというだけではなく、すかずに毛量調整ができる、骨格や生えグセを補正できる、カットのスピードがアップするなど、機能的なメリットがたくさんあるからでしょう。

カットのデザイン力を高めたい読者の皆さんには、“つなげない勇気”を持つことをおすすめします。
つなげないことでどうなるのかを考えると、その先には新しい発見が待っています。時には強烈なエッジがきいたもの、時には今までつくったことのないテイストなど、新しいデザインの原点が見いだせるはずです。つくりたいヘアのイメージが思い浮かんだら、デザイン画を描いてみましょう。次に、仕上がりに向けてのアプローチを展開図に起こしてみましょう。実際に紙に描き起こすのは、とても重要な工程です。設計図なくして家が建たないのと同じです。
完成したスタイルがイメージと違っていたとしても、がっかりすることはありません。それは新たな発見なのです。
どうか失敗を恐れないでください。常に完璧、というのもつまらないものです。固定概念にとらわれるくらいなら、風に流されるような時があってもいい。とにかく、いつもドキドキする気持ちを忘れないでほしいです。
いつまでも、輝き続ける美容師であるために！

伊東秀彦

伊東秀彦
Hidehiko Ito［PEEK-A-BOO］
山梨県出身。1981年PEEK-A-BOO入社。現在、PEEK-A-BOO原宿店アートディレクター。JHAでは2001年にグランプリ、2002年に準グランプリを受賞。サロンワークを中心にセミナーやヘアショー、撮影や広告など幅広く活動中。

クリエイションとサロンワークをつなぐ
ツーセクションカット

2017年3月25日　初版発行
2019年2月10日　第2刷発行

定価／本体3,800円＋税
著者／伊東秀彦[PEEK-A-BOO]
発行人／寺口昇孝
発行所／株式会社女性モード社
［本社］
〒161-0033 東京都新宿区下落合3-15-27
tel.03-3953-0111　fax.03-3953-0118
［大阪支社］
〒541-0043 大阪府大阪市中央区高麗橋1-5-14・603
tel.06-6222-5129　fax.06-6222-5357
印刷・製本／三共グラフィック株式会社
装丁・カバーデザイン／krran（西垂水敦・坂川朱音）
本文デザイン／朝倉悠（byu graphic）
写真／山口啓
甲野菜穂美（LOOK BOOK_P008-009、P032-035／TECHNIQUE BOOK_P042-045、P052-053）

Published by JOSEI MODE SHA CO.,LTD.
Printed in Japan

P018-019
Model:Kana Kukita
Hair Color:Yukihiro Teraoka

P014-015
Model : Marina Higuchi
Hair Color:Yoshifumi Takemoto

P012-013
Model :Syuu Yenwen
Costume :M.Y.O.B NYC
Hair Color: Kanako Yamashiro

P034-035
Model : Hiromi Yamamoto
Costume : FACETASM
Hair Color:Masahito Noda

P032-033
Model : Hiromi Yamamoto
Costume : FACETASM
Hair Color:Masahito Noda

P030-031
Model : Nataly Aoki
Costume : M.Y.O.B NYC
Hair Color:Shiori Gotou

P050-051
Model : Yasmine Elwageeh
Costume : M.Y.O.B NYC

P048-049
Model : Arinn Kimura
Hair Color:Yukihiro Teraoka

P042-043
Model : Kinue Sasano
Costume : M.Y.O.B NYC
Hair Color:Takuyoshi Nishio

make＆up_Kei Yamaguchi[BE-STAFF MAKE-UP UNIVERSAL]
photo_Kei Yamaguchi
Naomi Kono（P008-009、P032-035）

協力各社（アルファベット順）

BE-STAFF MAKE-UP UNIVERSAL（東京本校）
〒150-0001 東京都渋谷区渋谷3丁目28-7

FACETASM
〒150-0001 東京都渋谷区神宮前3-31-17
ビラ・ローサ601

MADEMOISELLE YULIA
http://www.mademoiselleyulia.com
INSTAGRAM @MADEMOISELLE_YULIA

M.Y.O.B NYC STORE
〒150-0001 東京都渋谷区神宮前11-11-6
LAFORET4F

PEEK-A-BOO HARAJUKU
〒150-0001 東京都渋谷区神宮前6-27-8
エムズ原宿4F

PEEK-A-BOO HEAD OFFICE
〒150-0001 東京都渋谷区神宮前4-2-15

P060-061
Model: Gard Diop
Hair Color:Chika Iwase

Special Thanks

P010-011
Model:Wakana Kamimura
Hair Color:Yukihiro Teraoka

P008-009
Model:Miro Yasuda
Costume: FACETASM
Hair Color :Yoshifumi Takemoto

P006-007
Model : Marina Higuchi
Hair Color:Yoshifumi Takemoto

P028-029
Model : Matvienok Uliana
Costume : M.Y.O.B NYC
Hair Color:Kanako Yamashiro

P022-023
Model:Kana Kukita
Hair Color:Yukihiro Teraoka

P020-021
Model:Yurie Ellys Nakagawa
Costume:M.Y.O.B NYC
Hair Color: Masahito Noda

P040-041
Model : Nataly Aoki
Costume : M.Y.O.B NYC
Hair Color:Shiori Gotou

P038-039
Model : Riia Usui
Costume : FACETASM

P036-037
Model : Haruka Sugimoto
Costume : M.Y.O.B NCY
Hair Color:Yoshifumi Takemoto

P058-059
Model : Arinn Kimura
Hair Color:Yukihiro Teraoka

P056-057
Model : Hayato Tsukamoto
Hair Color: Daisuke Iwase

P052-053
Model : Rina Mamiya
Costume : M.Y.O.B NYC
Hair Color:Taisuke Ono

BROOKLYN

Various

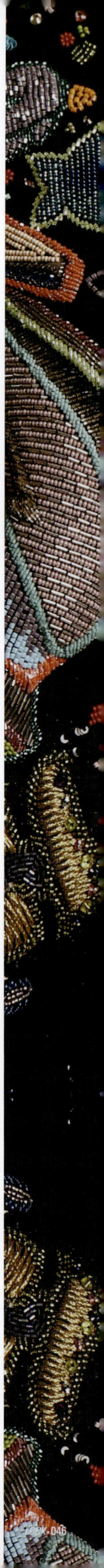

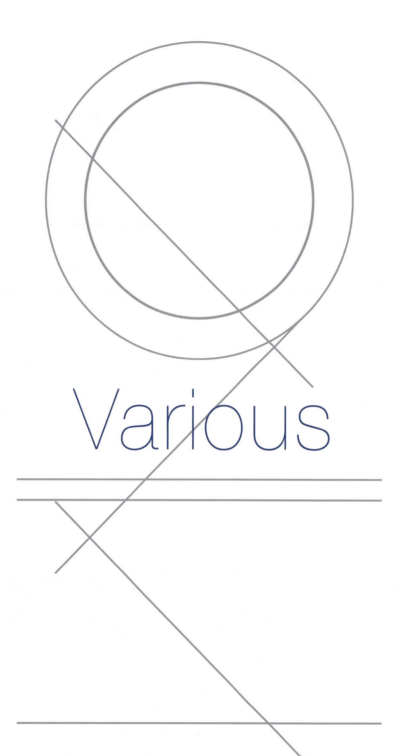

SILENT REVOLUTION
POLICJA
POLICJA
DESIGN by MYOBNYC
model : 7329
RESTRICTED

CELLMATE

Miu Miu
Gene

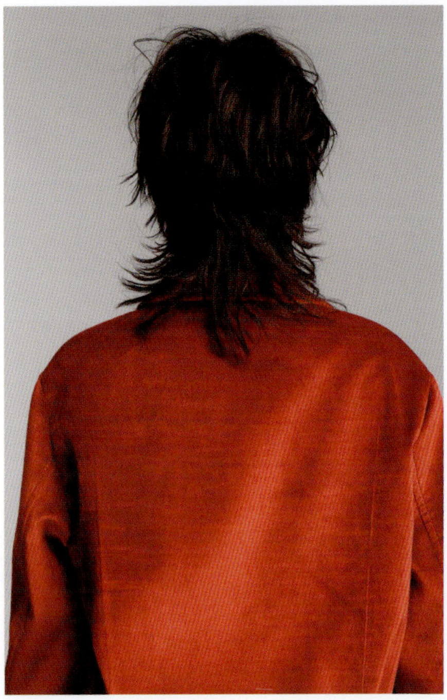

ROMEO

ROMEO

Layer

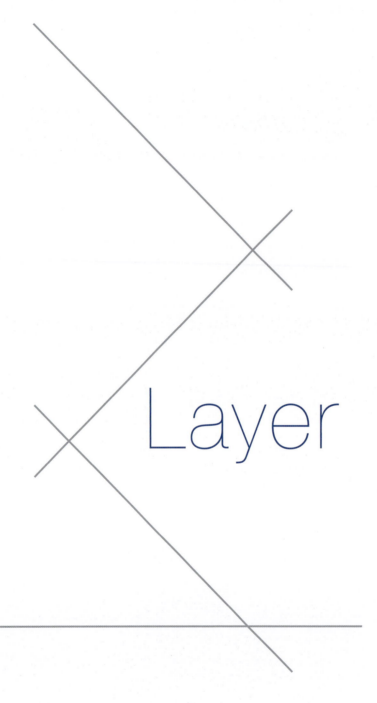

SILENT
POLICJA
DESIGN by
OPENS NOW 9TH NEAR YOU
All things in
world are two
In our

Gradation

Bob

クリエイションとサロンワークをつなぐツーセクションカット

LOOK BOOK ［デザイン編］

CONTENTS

TWO SECTION STYLE COLLECTION

クリエイションと
サロンワークをつなぐ
ツーセクションカット

LOOK BOOK

HIDEHIKO ITO / PEEK-A-BOO

Two Section